“JAUKUS《ジョーカス》”の強化で
経済も軍事も、

日本の未来は絶対明るい!

渡邊哲也
Tetsuya Watanabe

ビジネス社

はじめに――日本にとっての大きな転機到来

２０２４年2月22日、東京株式市場の平均株価は前日比８３６円52銭高の３万９０９８円68銭で終え、バブル期の１９８９年12月29日に付けた３万８９１５円87銭を上回った。34年ぶりの最高値の更新である。さらに３月４日には史上初めて４万円の大台にも乗った。大きな変化が株式市場に起きている。市場というのは、その先の世の中を見通す指標と言われており、これは日本にとって大きな転機となるだろう。

今から35年前の１９８９年11月9日。ベルリンの壁が崩壊し、冷戦終結が宣言された。翌１９９０年1月、日本の株価は東京証券取引所の大発会の日に暴落して、以後ずっと低迷を続けてきた。

低迷の大きな理由の１つには東西冷戦の終結がある。東側陣営と西側陣営の２つに分か

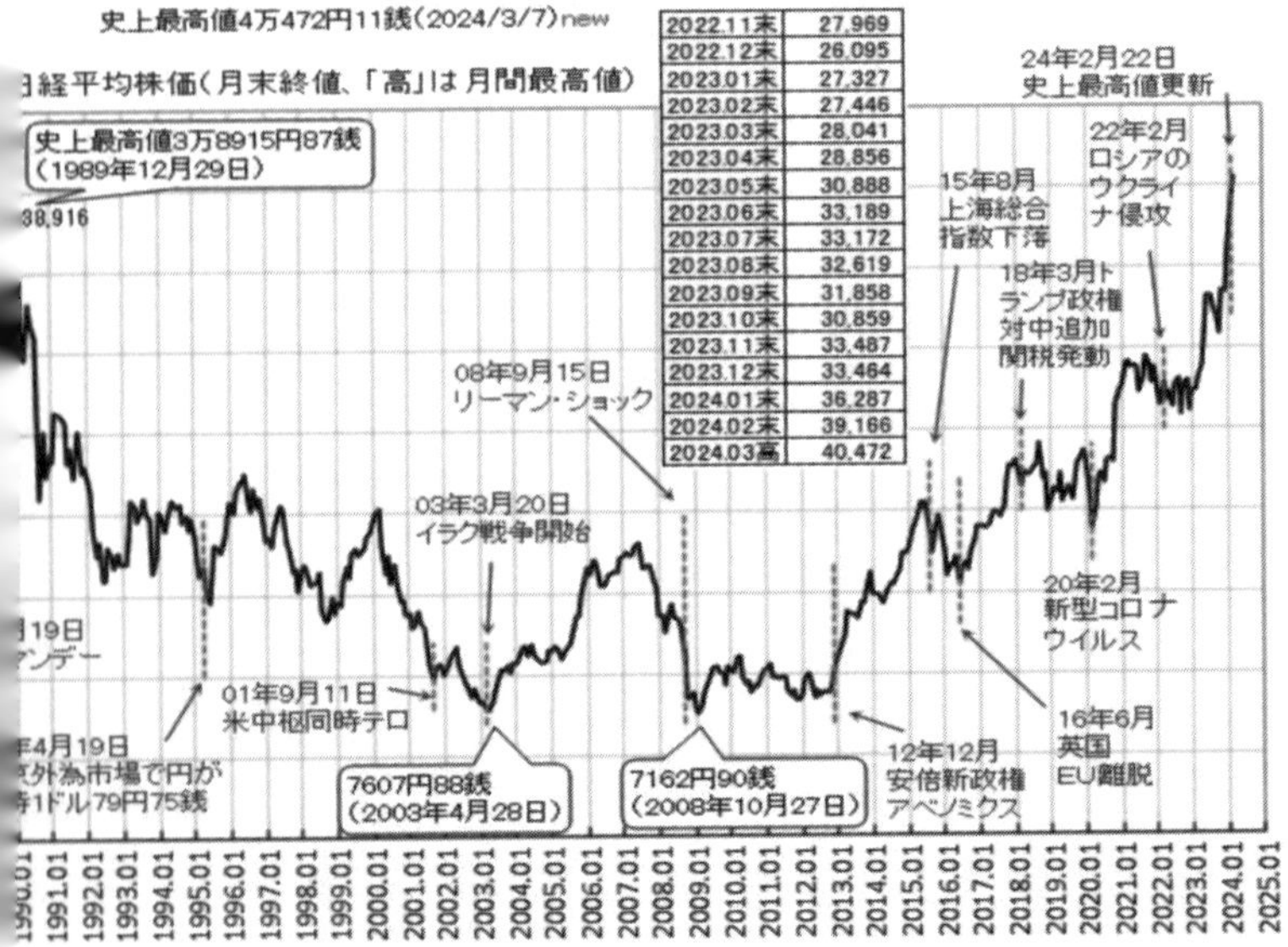

株価。主要事件等は東京新聞2008.10.28などによる。
ほか

れた世界で日本は西側の雄であった。バブル期、一時は東京の土地でアメリカ全土が買えるとまで言われていた。一方、経済的に困窮した東側は西側のルールに従うとして、ソ連崩壊後の後継国家ロシアも民主化した。中国も改革開放路線へと舵を切った。

　これは西側社会のルールの下で東側社会もともに活動するという宣言でもあった。その結果、生まれたのがグローバリズムである。ヒト、モノ、カネの移動の自由化

株価の長期推移

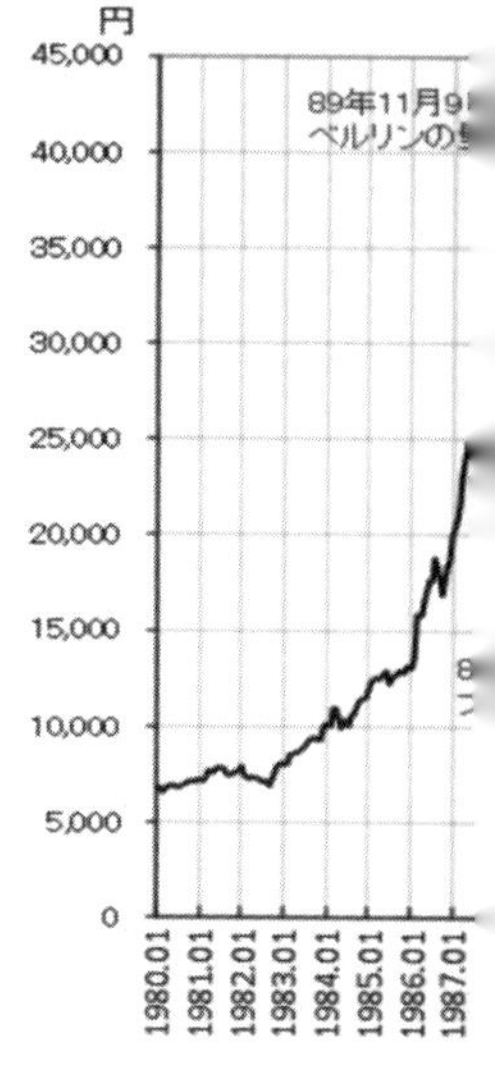

（注）東京証券取引所225種の
（資料）日銀HP、日経平均資料

がグローバリズムであり、これは1つのルールの下で動く世界で成立する。

ヒト、モノ、カネの移動が自由になって起きたのが価格の平準化だ。それで中国から安い人件費でつくられた商品が日本に入ってくるようになり、これに日本の高い人件費でつくられた産品は対抗できなくなった。

当然、価格は前者のほうが後者よりもかなり安い。一物一価の法則の下、同じ機能の商品なら価格も安いほうへと引っ張られていく。だから、日本の価格の高い商品は売れなくなってしまった。

また、別の言い方をすれば、日本は改革開放を打ち出した中国に対し、技術とカネを提供したので、中国でモノがつくられるようになった。中国製の日本メーカーのモノと日本でつくられた日本メーカーの日本製のモノでは、同じ機能であれば、当然、安価な人件費でつくられた中国製の日本メーカーのモノが選好されるに決まっている。

つまり、日本企業は価格を下げるために努力を続けていったのである。しかも同時にバブル崩壊も起きた。この二重苦の中で日本企業はどんどん窮地に陥り、富を吐き出していくことになってしまった。

さらに、しだいに中国メーカーの中国製のモノと日本メーカーの中国製のモノも食い合うようになったのだが、結局、中国メーカーの中国製のモノが市場を席巻していくようになった。特に白物家電はその典型であると言える。

かつて日本にあった電機メーカーの三洋電機は業績悪化のために、世界最大の白物家電メーカーとなった中国のハイアールに買収されて技術もパテントもすべて奪われた。東芝、シャープなどの白物部門もほぼ同じ状況に陥り、辛うじて生き残っているのが、国産にこだわった日立製作所や三菱電機の白物部門である。

中国の持つ技術の多くはもともと西側のものである。中国はそれを無償で、または安価に奪ってきたのだ。それは中国という国家が発展した大きな要因である。いわばコピー国家である中国に対して、先端技術の開発にコストをかけ続けてきた西側社会は、勝てるわけがない。

中国は改革開放政策の下で１９８０年代以降には積極的に外資を導入して工業化を進めた。中国が発展してきた理由の１つにＷＴＯ（世界貿易機関）入りがある。中国は自由市場を得るためにＷＴＯに参加して、関税同盟、非関税などの優遇処置を得ることができたのだった。

本来、外交というものは相互主義であり、中国で日本人や日本企業ができないことは、同様に日本でも中国人や中国企業はできない。これは基本原則なのだが、ＷＴＯにおいては新興国については特別条項があって優遇措置が取られた。だから中国は土地の自由化を行わず一部の関税も維持したままＷＴＯに参加できたのだ。

それには西側社会の思惑もあった。中国に多額の投資をした西側企業、西側国家は投資収益が回収できると信じていた。

アメリカも中国に市場を開放し、WTOに引き入れて世界市場も中国に開放した。これで中国も世界の経済秩序に入り込み、中国にも中産階級が増えて国民の意識が変わり、もっと穏やかな国になると予想していたアメリカは数十年間、そういう政策を続けてきた。

ところが、中国はWTO入りする際に完全な自由化を約束していたものの、これを守らなかった。今でも為替の自由化、資本移動の自由化のいずれも守られていない。中国は資本移転の自由を禁止し一部に制限をかけることによって、利益を持ち出せない環境もつくってしまった。

中国は人民元を国際通貨の一部となるSDRに入ることにも成功した。SDRは1969年にIMF（国際通貨基金）が加盟国の外貨準備資産を補完する手段として創設した国際準備資産だ。その価値はバスケット（いくつかの通貨を束ねて1つの通貨とみなすこと）によって割り出される。

この通貨の見直しは5年ごとに行われてきた。2000年にユーロが加わって以来、バスケットに入っていたのはアメリカ・ドル、ユーロ、イギリス・ポンド、日本円という4

種類の通貨だけだった。2016年10月に人民元がSDRに入り、15年ぶりにバスケットの中身が変更されたのだった。

この人民元のSDR入りにあたっても中国は、為替の自由化と資本移動の自由化を確約したのだが、もちろんいまだに守っていない。

また、中国の場合、国有銀行や国有企業は政府から手厚い支援が受けられるため、西側社会の民間ビジネスとは、資金面でも規模の面でも優位性が高いというのが実態である。

政治の面でも中国は2012年に習近平体制になると、一気に集団指導体制から独裁体制へと切り替わって、軍事的拡張の姿勢を露わにしてきた。

例えば中国は海洋進出のために南シナ海の人工島開発を始めた。それに西側社会が抗議したため、習近平は2015年にオバマ大統領と会談したときに「中国は南シナ海をけっして軍事利用しない」と約束した。だが、その約束はウソだった。

2014年にはロシアが、自国のソチで行われた冬季オリンピックと冬季パラリンピックの間にウクライナのクリミア半島に侵攻したのをきっかけに、西側社会との決裂が始まった。時を同じくして中国も西側社会と対立することになった。

アメリカのルールとグローバルスタンダードに従うとしてきた中国、ロシアであるが、経済の発展とともに、そしてリーマン・ショックによるアメリカの弱体化とともに、大きく変貌した。

しかしアメリカでは２０１７年に共和党のトランプ政権が誕生した。民主党のオバマ前政権のケリー国務長官は中国に融和的で、米中の軍事的関係が悪化する中でも中国に対して厳しい態度は見せなかった。

これに対し、アメリカファーストを謳うトランプ大統領は、アメリカのマーケットを侵食する中国を敵と認識して、さまざまな厳しい規制をかけていった。それで中国は先端半導体などの製造に大きな打撃を受けることになった。

要するに、そうした変化をもたらしたのは、冷戦の復活である。冒頭に述べた「日本にとっての大きな転機」も、それによって実現しているのだ。

本書では、その「東アジアの冷戦状態」について洞察し、経済的、軍事的な側面で恩恵を受ける日本の未来について、明るい展望を描いていく。

2024年4月

渡邉哲也

"JAUKUS《ジョーカス》"の強化で経済も軍事も、日本の未来は絶対明るい！　目次

第2章 日本に求められる台湾との正式なパイプづくり

第3章 頼清徳・新総統の対中戦略を読む

第4章 日・米・台・中
――半導体をめぐる戦い

第5章 習近平一強体制の異常さ

第6章 大失速する中国経済

第7章 日本企業はさっさと中国から撤退せよ！

第1章

冷戦の復活。西側グループの「中国封じ込め」

中国が巨額の資金を貸し付けても仲間にならない関係国

現在、中国は一帯一路や二国間融資の形で巨額の資金を貸し付けていて、その総額は約1兆5000億ドルと言われている。これは中国政府が直接出している融資や国有銀行などを用いた、間接的な融資を含めての話だ。

これらを通して中国は、関係する他国を仲間に引き入れられると考えている。しかし実はそうはならないことに、中国自身が気付いていない。なぜそうなのか？

例えば中国と日本、アメリカ、ヨーロッパなどの西側諸国が戦争を起こしたとしよう。その場合、勝ったほうに付いていた国が、戦勝益を得られることになる。

すでに中国から借り入れを行っており、中国から港湾などの権利を奪われている国や、中国が国内に鉄道をつくってその利益を吸い取られている国は、中国に味方しても何のメリットも得られない。

対して日本、アメリカ、ヨーロッパなどの西側諸国に協力すると、中国が敗北したら国内に持つ中国の権益も借金も全て消滅してしまう。こちらのほうが全てにおいて得だという選択肢になる。実際に過去の戦争においては、そのような事案が多数起きている。西側諸国への協力は特に中国と国境問題を抱えるＡＳＥＡＮの国々にとって、非常に魅力的なオファーだと思う。

そして今、世界の新興国の40％以上が過剰借り入れ状態にあって、破綻の危機に面していると言われている。その要因のほとんどが一帯一路なのだ。

西側社会にはＩＢＲＤ（国際復興開発銀行）、ＡＤＢ（アジア開発銀行）などさまざまな国際融資機関があり、それらはきちんとしたデューデリジェンス（投資や融資にあたって投資対象となる企業や投資先の価値やリスクなどを調査すること）を行う。だから支払い不能の対象には貸付をしない。つまり、採算が取れない事業には資金を投じない。

これに関しては２０１６年に開かれた日本での伊勢志摩サミットの首脳宣言においても次のように述べられている。

「我々は世界の需給ギャップに対処するため、『質の高いインフラ投資の推進のためのG7伊勢志摩原則』を支持し、我々自身のインフラ投資を同原則に沿ったものとするよう努める」

当時は中国がG20の議長国だったので、中国はなかなかこれに賛同できず、G20においては同様の宣言は先送りされた。

また、G20の下部組織とも言えるものに、民間を含めた経済協力等について話し合いを行う組織のB20（ビジネス・トゥエンティ）がある。ここでアメリカをはじめ西側各国が反汚職についての共同声明を採決しようと動いたものの、同じく議長国が中国だったため採択は行われなかった。

その後、G20では伊勢志摩サミットの首脳宣言の「質の高いインフラ投資の推進」に近い内容が採択された。

しかしコロナの年の２０２０年にG20でやはり中国の不当な融資が大きな問題になった。結果的には、新興国が受けた融資については、コロナのダメージがあるので、その返済が先送りされることになった。と同時に、中国から「共通枠組みにおいて債務問題を解決する」という言質も取ったのである。

では、この「共通枠組み」とは何か。それにふれる前に以下のことを説明しておきたい。国対国の融資が支払い不能になったときは、パリで行われるパリクラブで債務整理をするというルールがある。パリクラブは破産裁判所に近いものだ。そこに参加しているのは先進国なのだが、中国は先進国ではないとして不参加である。銀行対国の融資に関してはパリクラブの後にロンドンの金融ギルドであるロンドンクラブで話し合う。

どちらも例えば支払いが可能なように、目減りさせた新債券を発行したり、10年返済を20年に延ばすようなリスケジューリングをしたりして、相手の支払い能力に合わせた対応を行う。国際社会における基本的な融資ルールと言っていい。

新債券の場合はだいたいその残存価格の20％程度、元本の20％程度での発行になるケースが多い。1兆5000億ドルだと3000億ドル（約46兆円）になる。つまり、それだけ債権が減少する。

また、国対国で融資をするときは港湾の租借権などを担保にしてはならないというルールもあるのだが、こうした国際社会のルールを破ってきたのも中国だった。

それで「共通枠組み」に話を戻すと、ここでは中国はパリクラブ、ロンドンクラブと同じ条件で新興国に対して債務整理を求めなくてはいけないということなのである。

例えばパキスタンが破綻状態になっている原因の大部分は、中国からの過剰借り入れにある。しかしＩＭＦなどは、そんなパキスタンに対して多額の資金を貸し付けるのには否定的だ。というのは、パキスタンは中国と関係が深いので、ＩＭＦがパキスタンに融資するとその資金の多くが中国への返済に回ることを懸念しているからである。ＩＭＦの融資を中国への借金返済に使われたら、対中国の債務をＩＭＦが肩代わりするのと同じことになってしまう。

だからＩＭＦが中国に対して多額の債務を持つ国に融資する場合には、ＩＭＦの融資は中国の債務返済に回さないという約束を当該国から取るのはもちろんのこと、中国からも明確にその約束への合意を取る必要がある。

しかし最初からＩＭＦが多額の資金を融資できる条件を満たしている国なら、中国の融資に頼らなくてもいいだろう。現実には中国の債務に苦しんでいるのはそもそも中国くらいしか融資してくれないような国が大半なのだ。

いずれにせよ中国の債務に苦しんでいる国の中にはパリクラブ方式で債務整理をしたいと思っているところが少なくない。一方、中国はパリクラブ方式だと債権が大幅に目減りして（海外資産が一気に減って）しまうのだから、これまでパリクラブ方式を嫌がっていたのだった。それで中国への債務を持つ国の中でも特に独裁国家に対してはパリクラブ方式には乗らないようにと求めてきた。

だが、Ｇ７やＧ20も含め国際社会の圧力が強まってきたために、さすがの中国も「共通枠組み」を受け入れざるを得なくなったということなのである。

一帯一路関連融資の焦げ付きは習近平の責任

国に対する融資については、世界標準の国際開発銀行モデルと中国の考え方では全く違う。

国際開発銀行モデルでは、基本的に3ヵ国が信用と種銭を差し出し、それらに基づく債券を発行して集めた安価な資金を融資対象国に又貸しするというものだ。実際のお金を融資対象国に直接貸し出すわけではない。種銭のワンクッションを置き、同時に信用を付与して低利で資金を借り入れる。多くはドル建てなので、いわゆるプレミアムレートのドルの金利連動になる。つまり、最低金利に近い条件で借り入れた資金に、各国通貨建ての1〜2%というリスクヘッジの金利を乗せて融資対象国に貸し出すのだ。

IMF、世界銀行、IBRD、ADBなどはこの国際開発銀行モデルに準拠している。

しかし中国はそうではなく直接貸し出す。中国が設立したAIIB（アジアインフラ投資銀行）も同様である。ＡＩＩＢは「アジア・インチキ・イカサマ・銀行」と揶揄されているくらいだ。

外貨建ては中国自体のリスクが大きく、借り入れ金利、調達金利も高い。中国で運用するため、デューデリジェンスも完璧でないとなれば、焦げ付きリスクも非常に高い。そして、もともとの借り入れ金利が高いうえに焦げ付きリスクを含めると、さらに金利が上がる。例えばコロナ前だったら西側諸国なら３〜４％の貸出金利でインフラ投資ができた。対して中国は８〜10％だったから、それでは借りられないし払えない。

もう１つの問題は、国際開発銀行モデルでしっかりと設計して貸出を行った融資相手に中国が追い貸しをしてしまうため、国際開発銀行モデルの債券のリスクも拡大してしまうということだ。そうなると、本来、きちんと融資相手から返済を受けられるはずだったのに受けられなくなる。

追い貸しをしてしまうのも、デューディリジェンスの甘い理由だ。もっと率直に言うと、追い貸しをするためにデューデリジェンスが甘くなる。なぜそんなことができたかと言えば、土地やさまざまな利権を奪う目的で貸出をしていたからだ。

「返済が受けられなくなったら港や鉄道の権利を取ればいいではないか」ということだった。つまり、港の権利や鉄道の権利を奪うために中国は貸出をしていたのである。これが中国の仕かけた債務の罠だ。

中国はこれまであちこちで一帯一路という言葉を使って、新興国に「融資しますよ」「立派なインフラをつくってあげますよ」と大きくアピールしてきた。つまり、中国はこれまで一帯一路と結び付けていろいろな国との間で何らかの利権と融資とのバーター取引をしてきた。

ところが、インフラ建設の費用が増大したり、資金が融資相手国の政権維持や政治家への賄賂に使われたりして焦げ付きも目立ち始めた。今や実際には貸付や開発を行わないようになってきている。それでイタリアも一帯一路から撤退した。同様に多くの国々も中国との関係見直しを進める状況になっている。

一帯一路を言い出したのは習近平だった。一帯一路に関連した貸付の焦げ付きは、習近平自身の責任になるので、現実には非常に大きな問題だ。それで現状、習近平は一帯一路という言葉をほとんど使わなくなった。

今の一帯一路はインフラなどよりも国内の食糧事情などを踏まえた農業投資が中心となっている。資金を農作物で回収するということだ。

一帯一路の投資対象国で面白いのはエクアドルである。エクアドルは世界最大の石油の埋蔵量を有するとされているものの、エクアドルの石油は質が悪すぎる。

石油は鉱物だから採掘できる場所によって素性成分が違う。南米で取れるのはかなりダークな重質油だ。比較的重くてタール分と硫黄分が多く、精製してもほとんどがC重油にしかならない。エクアドルやベネズエラの石油もタール分と硫黄分が多い。中国国内で取れる石油も同じような品質である。タール分が多いと、どうしても精製コストが高くなる。

ロシア、中東で取れるものはタール分が少なくて質がよいため、精製コストも低い。特にUAEで取れる石油は、アラビアンライトという非常に透明度の高い軽質油だ。

精製コストでは、UAEやサウジアラビアが1バレル15ドル程度であるのに対し、エクアドルの石油は1バレル70ドルぐらいになってしまう。石油が取れるが質が悪いので、石油価格がかなり上がらないと採掘しても採算が合わない。

中国はエクアドルから石油の長期販売契約の利権を取ったのだけれども、石油価格が下落して不採算になってしまった。中国は石油採掘のためにエクアドルに多額の融資をしたのに、石油価格が下落してエクアドルは融資を返すメドが立たなくなったのだ。そのため、中国としてもどうしようもなくなって、融資の金利の引き下げや返済の繰り延べに合意をせざるを得なくなったのである。

NATOも深く関わっている「航行の自由作戦」

地政学的に見ると、中国は台湾だけではなくフィリピンとの間でも領有権をめぐる問題を抱えている。

中国は、ベトナム沖からマレーシア沖に下りフィリピン沖を通って南シナ海を大きく取り囲む「九段線」を設定し、その内側海域すなわち南シナ海のほぼ全域に主権が及ぶと主張している。それでＡＳＥＡＮ各国とも対立しているのだが、現在の主権とする海域は九段線から十一段線へと外側に拡大しており、領有権の主張はどんどん厳しくなっている。

10年以上前の２０１３年１月、南シナ海で実効支配を強めながら海洋進出をする中国に脅威を感じたフィリピンは、国連海洋法条約に基づく仲裁裁判所（オランダのハーグに設置）に九段線の無効を訴えた。フィリピンは当時、アキノ政権だった。

訴えに対して仲裁裁判所は２０１６年７月に「南シナ海で中国が設けた九段線には国際法上の根拠がない」という判決を下した。ところが、中国は国連海洋法条約の批准国であるにもかかわらず、「紙屑だ」と言って判決を完全に無視しているのである。

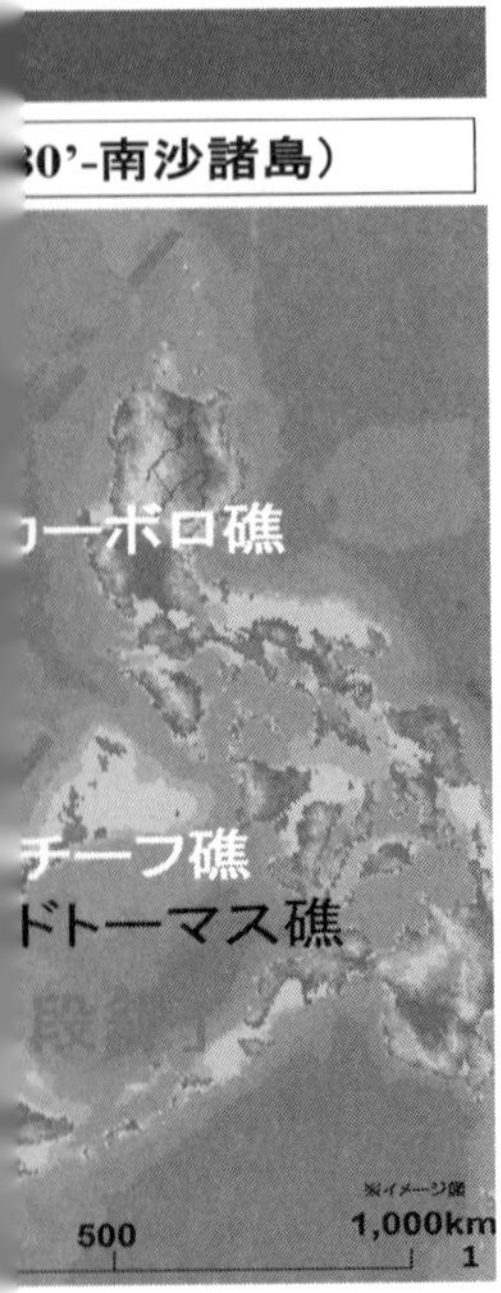

アキノ政権の跡を継いだドゥテルテ政権は中国との関係を重視したため、仲裁裁判所の判決に基づいて中国に強い態度を取

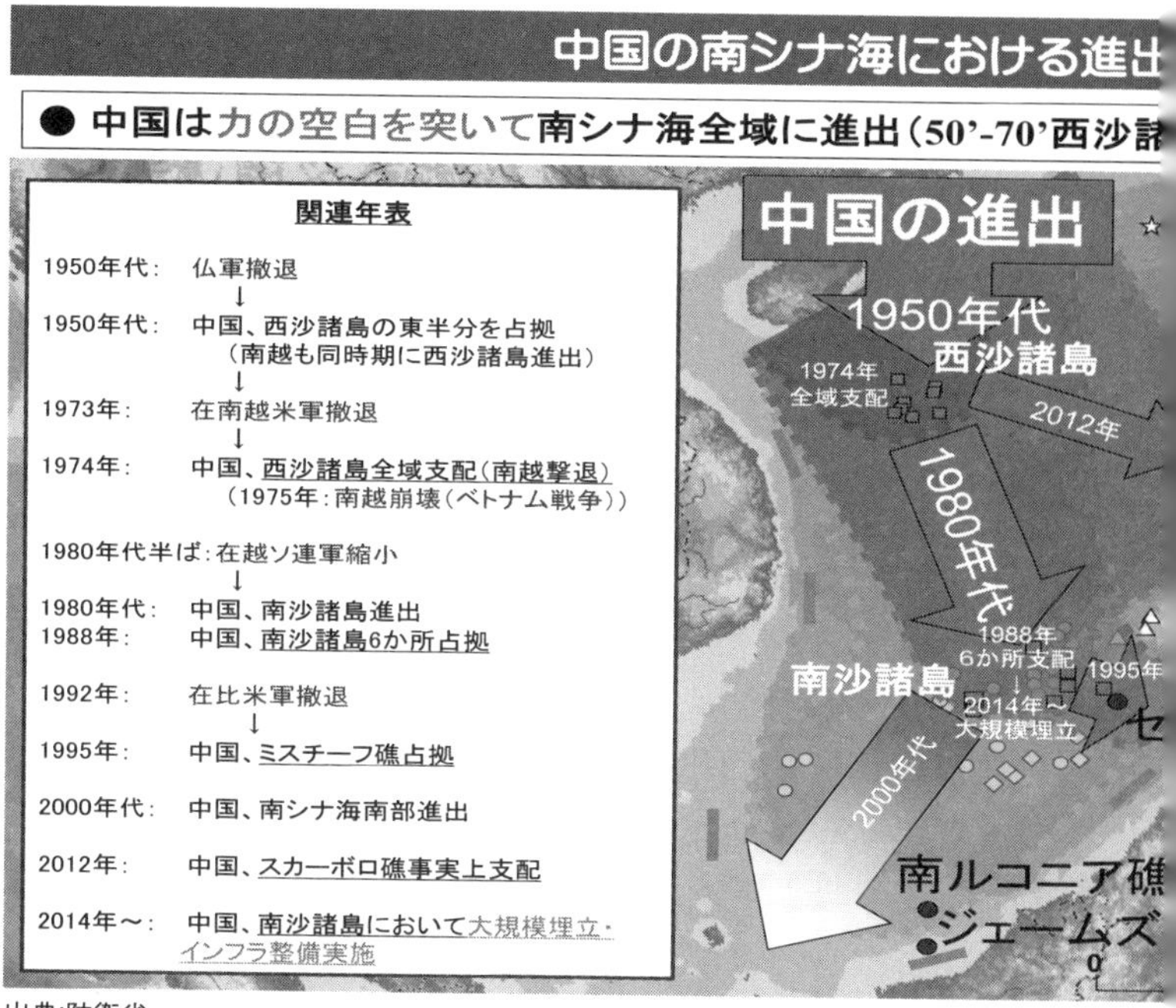
中国の南シナ海における進出
● 中国は力の空白を突いて南シナ海全域に進出（50'-70'西沙諸
関連年表
1950年代：　仏軍撤退
1950年代：　中国、西沙諸島の東半分を占拠
（南越も同時期に西沙諸島進出）
1973年：　在南越米軍撤退
1974年：　中国、西沙諸島全域支配（南越撃退）
（1975年：南越崩壊（ベトナム戦争））
1980年代半ば：在越ソ連軍縮小
1980年代：　中国、南沙諸島進出
1988年：　中国、南沙諸島6か所占拠
1992年：　在比米軍撤退
1995年：　中国、ミスチーフ礁占拠
2000年代：　中国、南シナ海南部進出
2012年：　中国、スカーボロ礁事実上支配
2014年〜：　中国、南沙諸島において大規模埋立・インフラ整備実施
中国の進出
1950年代
西沙諸島
1974年
全域支配
2012年
1980年代
1988年
6か所支配
2014年〜
大規模埋立
1995年
南沙諸島
2000年代
南ルコニア礁
ジェームズ

出典:防衛省

るようなことはしなかった。

　しかしドゥテルテ政権の後、２０２２年に現在のマルコス政権が誕生した。マルコス大統領は中国には融和策は効かないと判断し、ドゥテルテ前大統領の対中融和路線を１８０度ひっくり返して親米路線に転じた。以来、南シナ海における中国の領土拡張の主張を再び問題視し米軍との関係も強化してきている。

　冷戦時、フィリピンのクラーク空軍基地とスービック基地という2つの基地は米軍の重要な基地だった。それが冷戦終結の流れの中で、中国は脅威ではなくなるという前提の下に、この2つの基地から米軍が撤退したのである。

クラーク基地においては、その後の火山の噴火の被害で実際に使える部分がかなり縮小してしまった。とはいえスービック基地の近くにはいまだにそのまま残ったアメリカ人たちの集落があり、アメリカとの関係を重視する地域はずっと存在してきた。

スービック基地に関しても、米軍が出て行ったことによって中国企業が進出するような動きがあった。それに対して地元住民などが強く反発している。

マルコス大統領は、1986年に民衆蜂起で大統領の座を追われたフェルディナンド・マルコスの息子で、亡命先のアメリカの教育を受けていて、アメリカとの関係は非常に深い。2023年5月に訪米し、バイデン大統領と会談した。会談に先立ち、両国はフィリピンでの米軍の活動拠点を5ヵ所から9ヵ所に増やすことも決めた。

同時に現在、台湾とフィリピンとの間にあるバシー海峡の真ん中のバタン諸島をアメリカが開発し、米軍の船が駐留できるようにしようとしている。

台湾海峡とバシー海峡

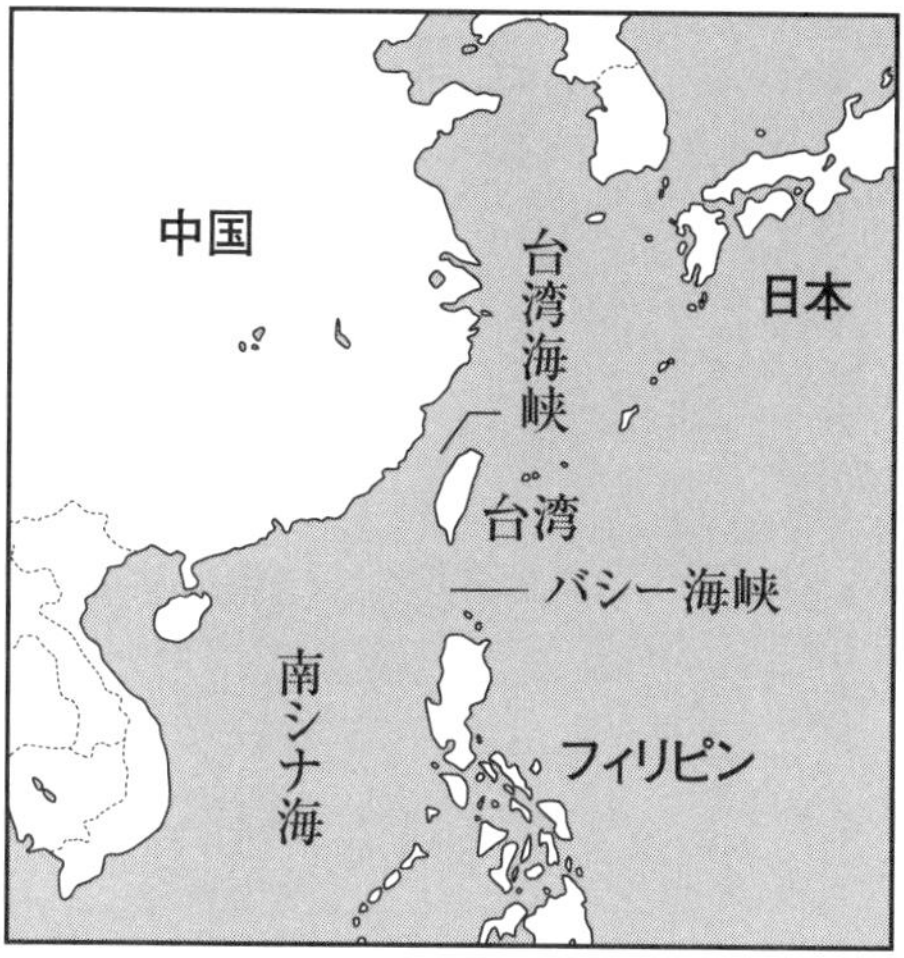

バタン諸島に米軍の艦艇が常駐することになれば、そこが基地化する。一種の軍事要塞化とも言える。とすると、ただでさえ海流が激しいと言われているバシー海峡のど真ん中をアメリカが押さえる形になって、中国の太平洋への進出が一段と難しくなる。

ところで、アメリカについてオバマ大統領時代に遡ると、当初、中国に強硬な手段を取ることには乗り気でなかったオバマ大統領も、人工島を建設するなどして南シナ海における領土拡張の動きをやめようとしない中国に憤り、南シナ海で航行の自由を確保する作戦、すなわち「航行の自由作戦」

を米軍に命じたのだった。

それで2015年10月に米海軍のイージスシステムを備えたミサイル駆逐艦が、中国による人工島の12カイリ以内の海域に入ってパトロールを始めた。その後、アメリカ国防総省は「中国の人工島12カイリ以内に3ヵ月に2度以上、艦船を送って航行の自由を確保し、国際法に則った航行の権利を中国に認めさせる」という方針を表明した。

この南シナ海における航行の自由作戦は現在まで持続しており、今はアメリカや日本だけでなく、NATO諸国も深く関わるようになっている。というのもイギリス、ドイツ、フランスも南シナ海に近い南太平洋に海外領土を持っているからだ。

特にフランスは海外領土の80%近くが南太平洋で、かつて原発実験で話題となったタヒチを中心に、周辺にはフランスの植民地および現状も租借しているような島が多数あるのだ。だからフランスが航行の自由作戦に参加して、中国の海洋進出を拒絶しても全く不思議ではない。それに南太平洋のある島には、諜報のための巨大なレーダーを完備したフランスのいわゆる諜報センターが設けられている。

なお万が一、中国が武力侵攻をする場合、フィリピンの島々か台湾の離島である金門島、どちらを先に攻めるのか。私は個人的には、金門島よりもフィリピンの島のほうが早いのではないかという感触を持っている。

中国の台湾への軍事侵攻は金門島や馬祖列島から始まる

その金門島は馬祖列島とともに、中国本土の目の前に浮かんでいる。台湾有事に際し、いちばん最初に中国の侵攻を受けると考えられている。この場合、日本側は政治的決定ができないというのが問題だ。

現状、アメリカはＡＩＴ（アメリカ在台湾協会）の職員４５０人とグリーンベレーの特殊部隊を含む２０００人を台湾に置いている。それで台湾有事に対する備えをしているのだ。ＡＩＴは、アメリカが台湾に設置した実務関係処理のための窓口機関で、形式的には非政府機関ではあるものの、実質的にはアメリカの大使館にあたる。そして米軍は、台湾

金門島と馬祖列島の位置

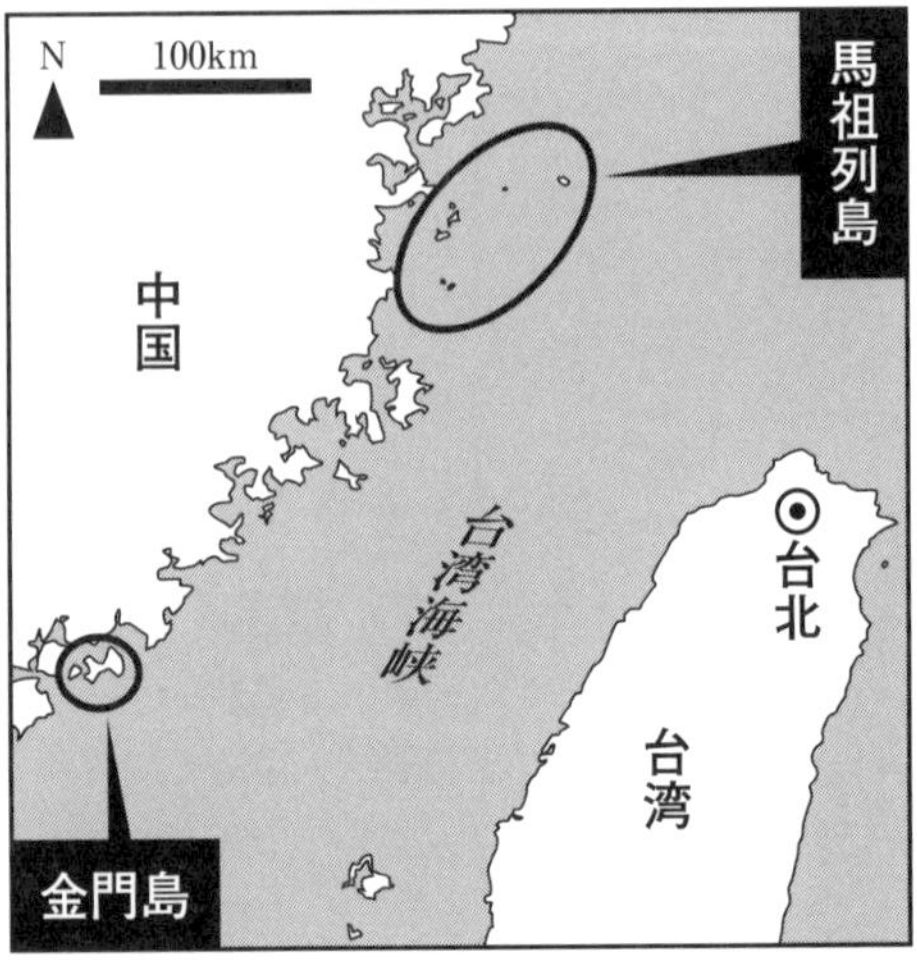

有事が起きた際のシミュレーションおよび台湾有事への対応を進めている。

台湾側はアメリカから各種の兵器を購入する契約を進めていて、米軍はオペレーションを行うために軍隊を台湾に送っている。これに対し日本は、台湾には自衛隊の制服組と私服組を数名ほど派遣しているにすぎない。

台湾軍はこれまで直接的にＮＡＴＯや西側国家と合同軍事訓練等で協力体制を組めなかった。そのために、その武器はガラパゴス的進化をしたものが多い。日本の自衛隊も同様だったが、目下、台湾軍も自衛隊もともにNATO規格弾などに変更する準備を行っている。そうしないと有事の際に弾切れが起きてしまうからだ。

相互に軍事協力をしていくうえでは、弾の規格化や武器の規格化は非常に重要だ。日本も台湾も目下、さまざまな軍事的問題点をアメリカ当局と一緒に改善するべく動いている。

台湾本島についていうと、上陸可能と言われるポイントが13ヵ所ある。台湾本島は九州とほぼ同じ面積の島だが、傾斜がきつく広い海岸も存在しない。逆に言うと、その13ヵ所さえ守りきれば台湾を防衛することができる。

台湾としては中国に勝つ必要はなく、台湾本島を守りきればいい。それに対していちばん危機的な状況にあるのが金門島と馬祖列島だ。金門島の対岸の目の前は中国の福建省厦門市で、その距離は数キロと非常に近い。対して台湾本島から金門島までは二百数十キロで、支援をしようにも、台湾本島を出て中国と台湾との間の中間線を越えて金門島に入るには少なくとも数時間かかる。軍事的には間に合わない。馬祖列島も同じような状況にある。

金門島と厦門市

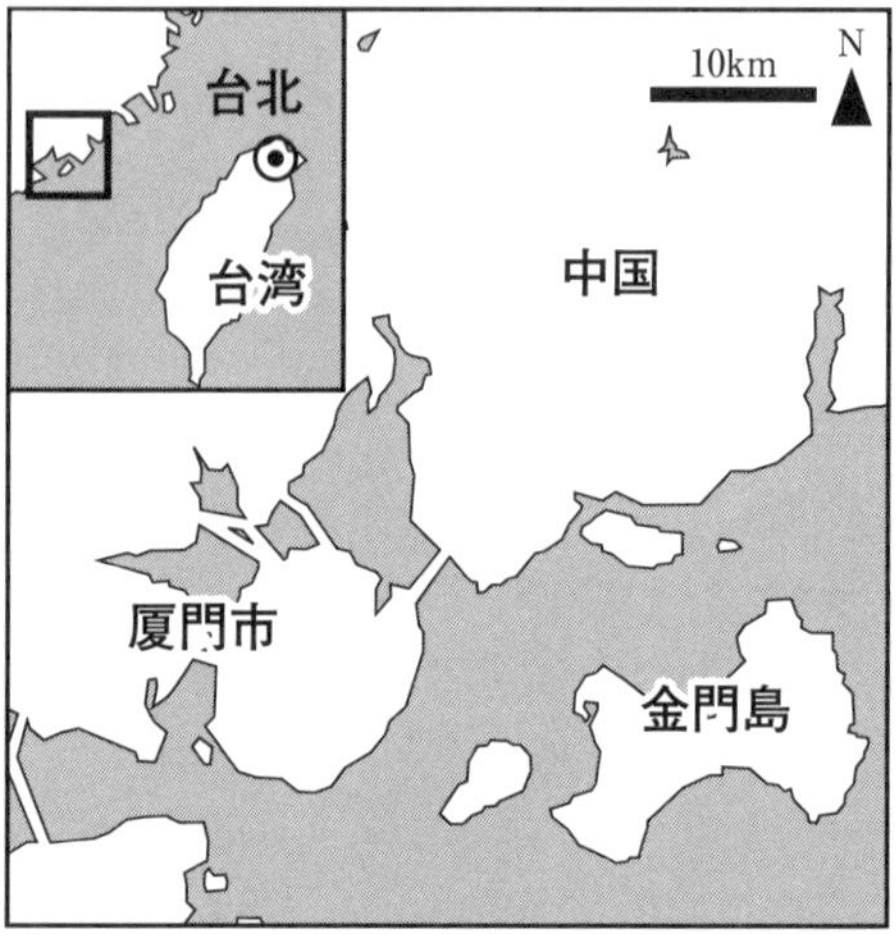

この金門島と馬祖列島は蒋介石が中国の海洋進出や台湾本島への攻撃を防ぐために置いた布石で、中国にとっては目の上のたんこぶだ。しかし位置的な関係から、金門島に関しては中国本土からの観光客で成り立っている面があるので、中国に対して金門島の人たちはけっして厳しい対応を求めていない。

中国から金門島に橋を架けることを求める動きなどもあって、それを台湾政府は望んでいないものの、金門島の人たちのほうは否定しないどころか、望むような発言をする場合もある。台湾と金門島の間には微妙な関係があると言ってもいいだろう。

中国がもし軍事侵攻をするとすれば、やはりまずは金門島や馬祖列島を占領するところから始まるのではないかと言われている。金門島や馬祖列島を取られたら、台湾にとって前線基地を失うことになる。

ほとんどの日本人は、金門島がどこにあるかも認識していないし、たぶん中間線という言葉も知らない。中台が中間線を設けたのは、間にある海について両国の領海のような扱いをしたうえで、お互いに中間線を越えて侵攻しないためだった。だが、現在の中国はこの中間線を無視し始めたのである。

台湾に安全保障を提供しているのは後見人たるアメリカで、台湾を太平洋覇権の要としてみている。ところが、問題は台湾関係法では金門島、馬祖列島を安全保障規定から除外していることだ。だから場合によっては、アメリカの代わりにイギリスが金門島、馬祖列島あたりまで出てくるかもしれない。

イギリスは空母クイーン・エリザベスを久しぶりに南シナ海と東シナ海に常駐させた。

こうなってくると、アジアの支配権をめぐる構図は第一次世界大戦後のようになってしまうかもしれない。イギリスによる経済再植民地化である。

それは阻止しなければならないし、阻止できるのは日本しかない。台湾有事が起こったときには日本は真っ先に手を上げて台湾を国家承認すべきだ。ただしそれをアメリカやイギリスに促されてやるのはよくない。というのは経済再植民地化を防ぐためだからだ。

実は今もイギリスとアメリカは、アジアにおいて自分たちの権益が取れればいいだけで、アジアの秩序がどうなろうが全くかまわないのである。

戦前、アジアにおける米英の権益を打破しようとしたのが日本の大東亜戦争だった。今日、日本は再び自分の足で立って、アジアの盟主として振る舞う必要が出てきたということなのである。

台湾存続には日米と手を組む以外に選択肢はない

私は、「台湾は中国と日米のどちらかを選ばなければならない」といつも言っている。当然ながら、両方を選ぶことはできない。

もし台湾が中国を選んで、中国の一部となったり中国と同盟関係を結んだりした場合、どうなるか。

当然、中国人民解放軍が台湾軍の基地を接収する。そのうえで台湾軍および予備役を含む兵士は、家族ごと中国本土に送りこむであろう。なぜかと言うと、武装蜂起する可能性がいちばん高いのが台湾軍の兵士だからだ。それが中国にとって最大のリスクになる。

台湾では男性が1200万人ぐらいいて、徴兵制があるが、その男性たちを全部、中国本土に送ったところで中国の人口と比べると1％以下にすぎないので、シャッフルできてしまう。中国の文革で犠牲になったのは5000万人だとも言われている。それに比べれば、1200万人と言っても、ものの数ではないだろう。

講演などでその話をすると、聴衆からは「渡邉先生は辛口だから」と言われる。けれども理屈としては間違いではない。

では、中国側の弾圧に対して台湾人はどこに逃げられるのかと言うと、島国なので中国が制海権、制空権を得てしまったら、もうどこにも逃げる場所がない。

ただし台湾には真ん中に標高4000メートル級の中央山脈があるから、太平洋側からは中国は攻めづらいのは確かだ。だから、台湾人も山越えをして太平洋側まで行くことはできる。

その場合、米軍が太平洋側で制海権をしっかり握り、太平洋側への避難路をつくることになるのだろうが、そもそも台湾の西部から東部へと山越えすること自体が大変だ。となると、中国の弾圧から逃げられたところで、どこまで逃げ切れるかは保証の限りでない。基本的には逃げられないと思ったほうがいいだろう。

運よく逃げられたとしたら、アメリカ、カナダ、日本などが避難民として一時的に受け入れることにはなるだろう。けれども国がなくなってしまうと、もはや帰る場所はないのだ。

また、人民解放軍が台湾軍の基地を全部徴用すると、台湾は沖縄本島から480キロ、石垣島から240キロ、与那国島から110キロのところにあるので、日本の沖縄本島まで完全に人民解放軍の制海権に入ってしまって、台湾は日本の敵になり、当然ながらアメリカの敵にもなる。

台湾が中国の一部になり、中国と日米との間で軍事衝突が起こった場合、日米側は太平洋側から台湾を攻めるしかない。これは最悪のシナリオなのだけれども、そこまで想定しなければ、台湾は維持できないのである。

もっとも、今のところ米軍の圧力があるので、習近平もなかなか台湾には手出しできない。しかし中国の経済悪化が、台湾への軍事侵攻という暴走の要因になる可能性は否定できないのではないか。第5章で詳しく述べる「習近平一強体制」で何が起こるか、予断を許さないのである。

弱い中国海軍では海峡封鎖に対抗できない

地図というのは発行国によって違っている。日本人は一般的には、日本がど真ん中にある世界全図しか見ていない。もちろんそれは世界の全体像を理解するうえで有用だが、自民党の防衛部会や外交部会などでよく使われている地図に、いわゆる「逆さ地図」がある。南が上で北が下になっていて、軍事的な各国の関係を把握するのに重宝する。

上海を中心にした逆さ地図は上海ビューと呼ばれていて、この地図で右から左へと日本列島、沖縄、台湾が並んでいる線を封鎖すると中国は外洋に出られない。だから日本列島を不沈空母だと呼んでもそれほど違和感はない。

また、この上海ビューでは東シナ海、南シナ海の台湾海峡、バシー海峡封鎖、マラッカ海峡という3つの海峡を完全に封鎖すると、中国は中東からの石油や天然ガスの輸入が困難になることがわかる。

中国の石油備蓄は50日、日本は180日以上である。だが、中国の場合、50日というのはあくまでも公称で、実際には35日分程度しか備蓄されていないと言われている。とすると、有事では中国は1週間程度で石油を消費してしまうに違いない。

3つの海峡を封鎖する兵糧攻めによって中国の軍事的覇権を阻止するとともに、台湾への攻撃をやめさせられるというのが、アメリカをはじめ多くの国々の目論見である。海峡の封鎖には日米だけでなくNATOなども深く関わってくるだろう。

海峡の封鎖を破るには、中国も海軍力を高めなければならない。だが、中国は過去の戦争で海戦に勝ったことがない。ベトナムに対しても海戦ではかなわなかった。

関連して言うと、台湾では今から15年ぐらい前まで学校にプールがなかった。というのは、中国大陸から台湾へと逃れてきた国民党の人たちは、中国大陸では内陸に住んでいたので、そもそも泳ぐという習慣がなかったからだ。中国でも海に面した沿岸部で育つ人たちは泳げるかもしれないが、内陸で育った大半の中国人は泳がないし泳げなかった。

中国が過去の戦争で海戦に勝ったことがないのは、中国の海軍が弱かったからだが、その大きな要因の1つが中国人が泳げなかったことなのである。

ただし最近では中国にも西側文化が輸入されて内陸でもプールができ、泳ぐことも一般的にはなってきている。

だが、今度は別のことが中国の海軍が弱い要因として指摘されるようになってきた。それが一人っ子政策である。海軍というのはチームワークが機能しないと戦うことができないのだ。陸上戦と違って海戦は消耗戦ではない。消耗戦なら被害が出るにしても戦いごとに段階的に出てくる。それで陸上戦は人海戦術も使えるのだ。

ところが、海戦だと船が沈めば一気に全滅してしまうから人海戦術は取れない。海戦で重要なのはチームワークと練度なのである。その点、ベトナムはチームワークと練度があるので海軍が強い。

中国では一人っ子政策のために、子供は一人しかいないので、小さいときから甘やかされて育ってきた。「小皇帝」という言葉もあるくらいだ。そんな自己中心的な人間ばかりではチームワークが機能するはずがない。したがって、中国海軍は海峡封鎖にも対抗できないだろうし、それほど恐れる必要はないのではないか。

だから中国としては目下、パイプラインの拡張によってロシアから調達する中国への石油の量を増やしていこうと図っているのである。

EUもNATOも「船頭多くして船山登る」

台湾有事と南シナ海の有事の問題はいくつかの体制で動いている。1つは日本、アメリカ、フィリピンの3ヵ国を中心としたアメリカとの準同盟関係における対応だ。

アメリカの台湾関係法において台湾も準同盟関係だ。日本とアメリカは日米安保による同盟関係にあるし、フィリピンとアメリカも今はほぼ同盟関係ができ上がっている。この3ヵ国の連動とのプラスアルファとして、航行の自由作戦に参加するイギリス、フランス、ドイツなどのNATO諸国とアジアの安全保障を一体化して連携して動くというのが、NATOプラス構想である。

NATOのアジア事務所を東京に置くことは、フランスのマクロン大統領が反対したため、なかなか前に進まない。NATOの最大の問題は、今回のスウェーデンのNATO加盟のときにも露わになったように、物事を決める際に全加盟国合意が必要だということだ。そのためには国が多すぎる。またイスラム国のトルコまで入っている。NATO最大の基地はトルコにある。

トルコはかつてヨーロッパのギリシャあたりまで支配したので、ギリシャの青い教会ももともとイスラム教だった。トルコ人は自分たちをヨーロッパ人だと思っているから、「EUに入れろ」と主張している。

しかしEUはそもそも、キリスト教の価値観を持つ国々が一体化するというのが最初の目標だった。キリスト教系価値観による一体化だ。その中にはカトリック国家もプロテスタント国家もあり、対立は存在する。ただ最初の11ヵ国のうちはよかった。そこに東欧の国々、旧ロシアの衛星国などが紛れ込んできて、いろいろな衝突が起きるようになってしまった。「船頭多くして船山登る」という状態が今のヨーロッパなのである。

ＥＵと並んでＮＡＴＯも機能不全に陥っている面がある。例えばハンガリーは親ロシアを謳っていて、なかなか物事が前に進まない。ＮＡＴＯには小国が多いのだが、政権が変わるたびに、ころころとその国の意向も変わっていく。そこで、日本がＮＡＴＯと組んでＮＡＴＯプラス構想を進めても、いざというときに動かないのではないか、という懸念が生じてしまう。

１８１４年から１８１５年にかけてオーストリア帝国の首都ウィーンで開催されたウィーン会議では、参加各国の利害が対立し時間ばかりがかかってなかなか話がまとまらなかったため、「会議は踊る、されど進まず」と揶揄された。それは今のヨーロッパでも変わっていない。

岸田訪米による日米首脳共同声明の発出

そこで、日本にとってアジア太平洋における外交、軍事、経済の要となる枠組みとして、

「クアッド（ＱＵＡＤ）」と「オーカス（ＡＵＫＵＳ）」が非常に重要になってくる。

クアッドは日本、アメリカ、オーストラリア、インドの４ヵ国の首脳や外相が安全保障や経済を協議する多国間枠組みで、２００６年当時の安倍晋三首相が提唱し、自由・民主主義・法の支配などの価値観を同じくする４ヵ国が「自由で開かれたインド太平洋の実現」に向けて協力していくことを目的としている。２０１９年に初めてクアッドの外相会合が開かれた。

ちなみに「自由で開かれたインド太平洋の実現」を唱えた安倍元首相の外交戦略は、「地球儀を俯瞰する外交」と言われている。それはどのようなものか？

日本人の多くは、メルカトル図法で描かれた世界全図を基に、平面的に世界を把握している。そこではヨーロッパが中心に置かれ、その左隣にアメリカ、日本はいちばん右の端に存在している。だから極東と呼ばれるのだ。

しかし実際には、地球は平面ではない。立体的でしかも丸い。戦略論で考えた場合、「地球は丸い」ことを強く意識することが重要だ、と考えていたのが安倍元首相である。

ヨーロッパを中心とした世界全図

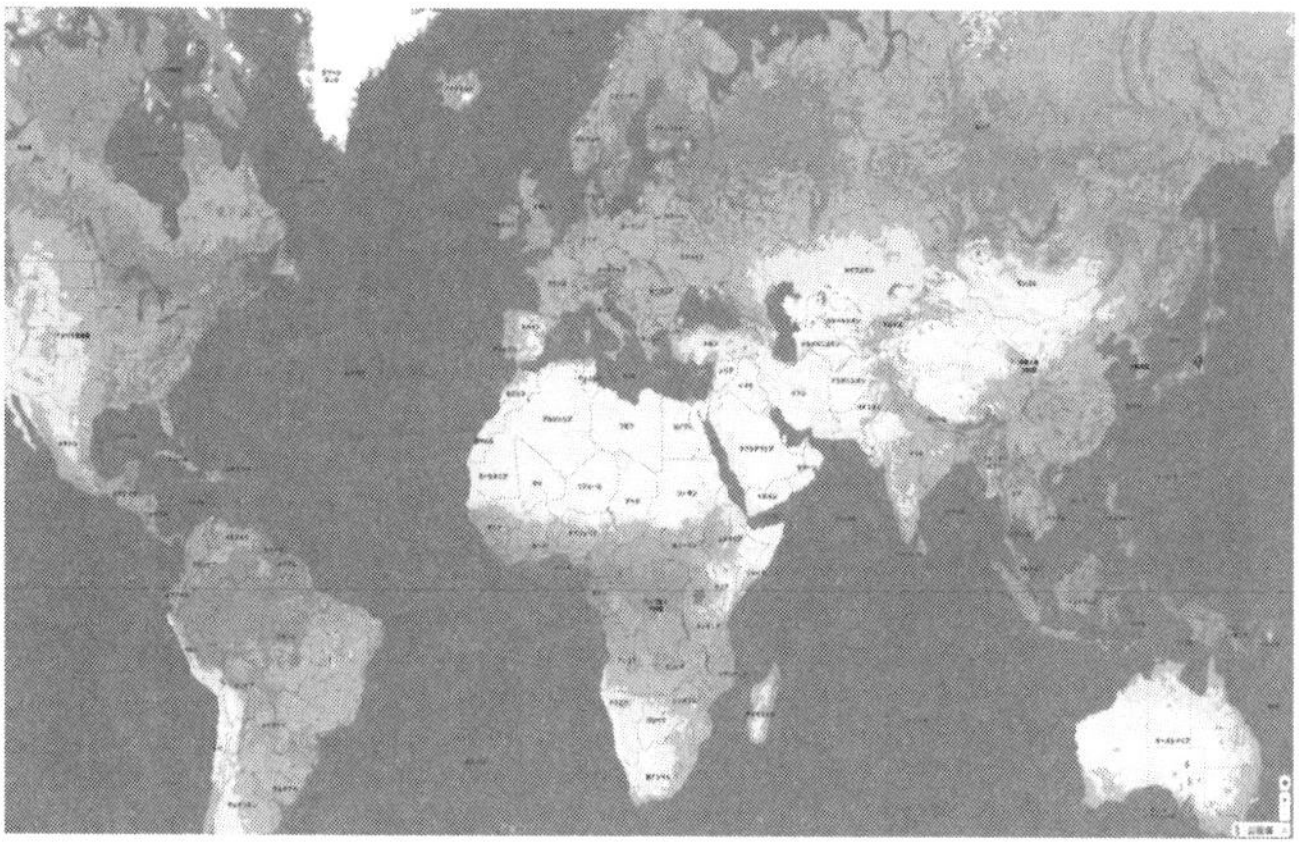

たとえば現在、ロシアの上空を民間航空機が飛べない。そのため、日本からヨーロッパに行く航空機は、北極海上空を回って飛んでいく。そして帰りの便は偏西風に乗り、中東、中央アジア上空を経由して日本に帰ってくる。これは地球が丸いということの大きな意味である。

また、北朝鮮のミサイルにおいても、丸い地球儀で考えてみると見方が変わる。平面の地図で見ると、北朝鮮から最も近いアメリカのエリアは、ロサンゼルスやサンフランシスコなどの西海岸だと思える。しかし実際に、ミサイルが北極海上空を飛べば、ワシントンまでも同距離になるのだ。このような世界の構図を、頭に思

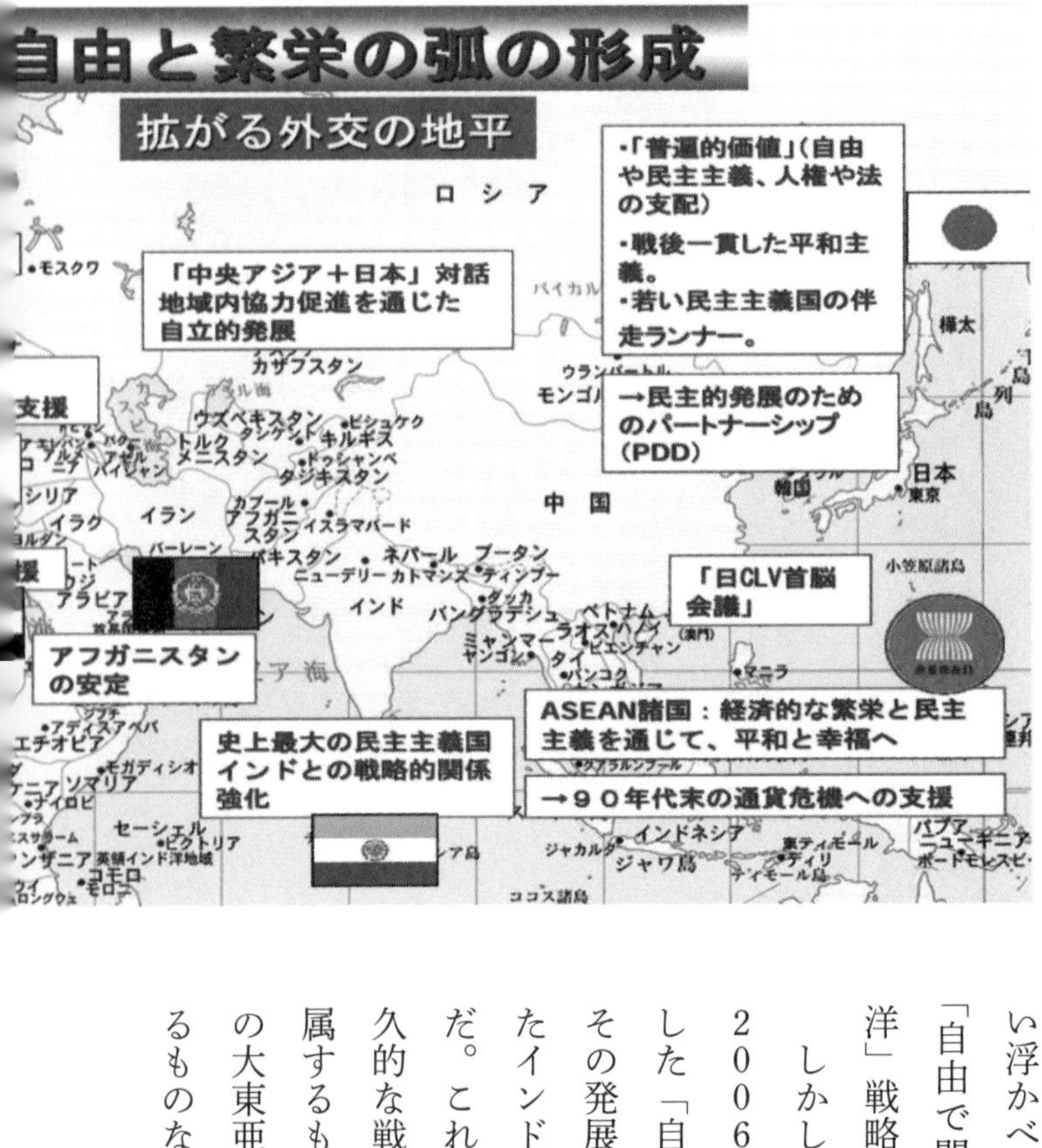

い浮かべながら行われたのが、「自由で開かれたインド太平洋」戦略であった。

しかしこの戦略の前提は、2006年の麻生外相が主張した「自由と繁栄の弧」で、その発展形が「自由で開かれたインド太平洋の実現」なのだ。これらは日本としての恒久的な戦略であって個人に帰属するものではない。現代版の大東亜共栄圏構想とも言えるものなのである。

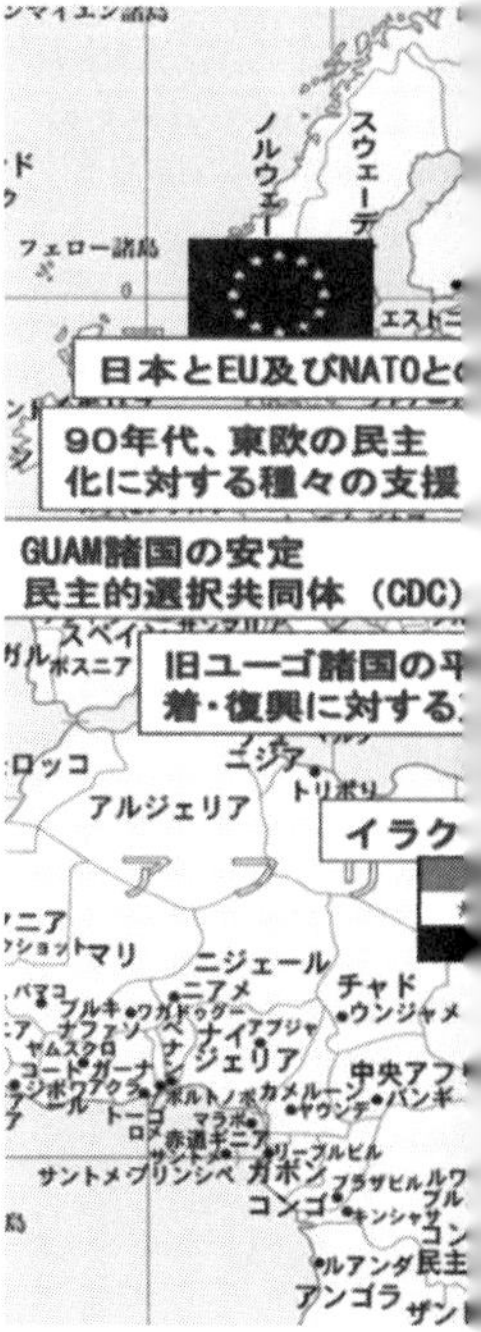

出典:外務省

一方オーカスは、2021年9月にアメリカ、オーストラリア、イギリスの3ヵ国によって発足した軍事同盟だ。

この第1の柱は米英によるオーストラリアへの原子力潜水艦の配備支援で、南シナ海で軍事面での影響力を強めてきた中国に対抗する目的がある。第2の柱はAIや量子コンピューティングなど先端技術での協力だ。

そうした背景の中で岸田文雄首相はアメリカを訪問し、2024年4月10日にバイデン大統領と首脳会談を行った。これで発表されたのが「未来のためのグローバル・パートナー」と題する日米首脳共同声明だった。

共同声明では、日米両国間で作戦と能力のシームレスな統合を可能にし、平時と有事における自衛隊と米軍との間の相互運用性や計画策定の強化を可能にするため、それぞれの指揮・統制の枠組みを向上させると表明した。

さらに、日本とオーカスとの間の緊密な防衛パートナーシップを認識し、オーカスの第2の柱である「先進能力プロジェクト」で日本との協力を検討するとした。

内容的にはほとんどが軍事にかかわるものであり、現在の東アジア情勢を鑑み、同盟関係を強化する。同時に、指揮命令系統に関して連携性を高め、協力関係を深化させるものとなる。これらは有事の即応性を高めるうえで非常に重要であり、特にチームワークがモノを言う海戦では大きな意味がある。抑止力となるだけでなく、非常時と将来に向けての対応を示すものだ。

当然ながら、共同声明の発出は中国の脅威を日米両国が深刻にとらえているからで、「これまで」が通用しない状況になったことを意味する。アジアにおける米中の軍事的優位性が転換する（中国が優勢となる）のは2025年だと言われてきた。それはあくまでも米中だけでの比較であり、イ

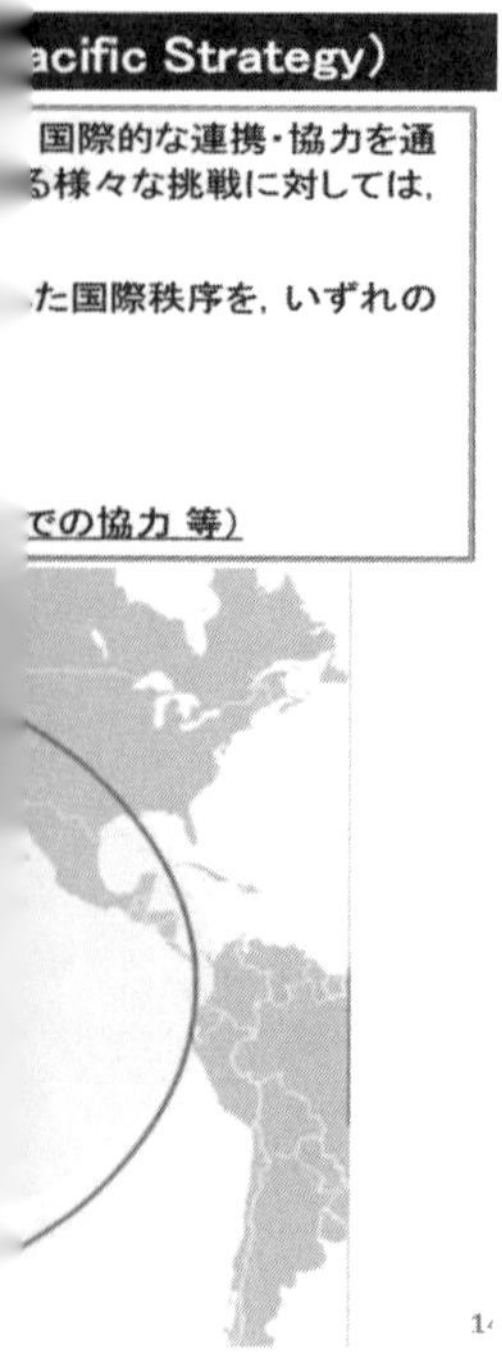

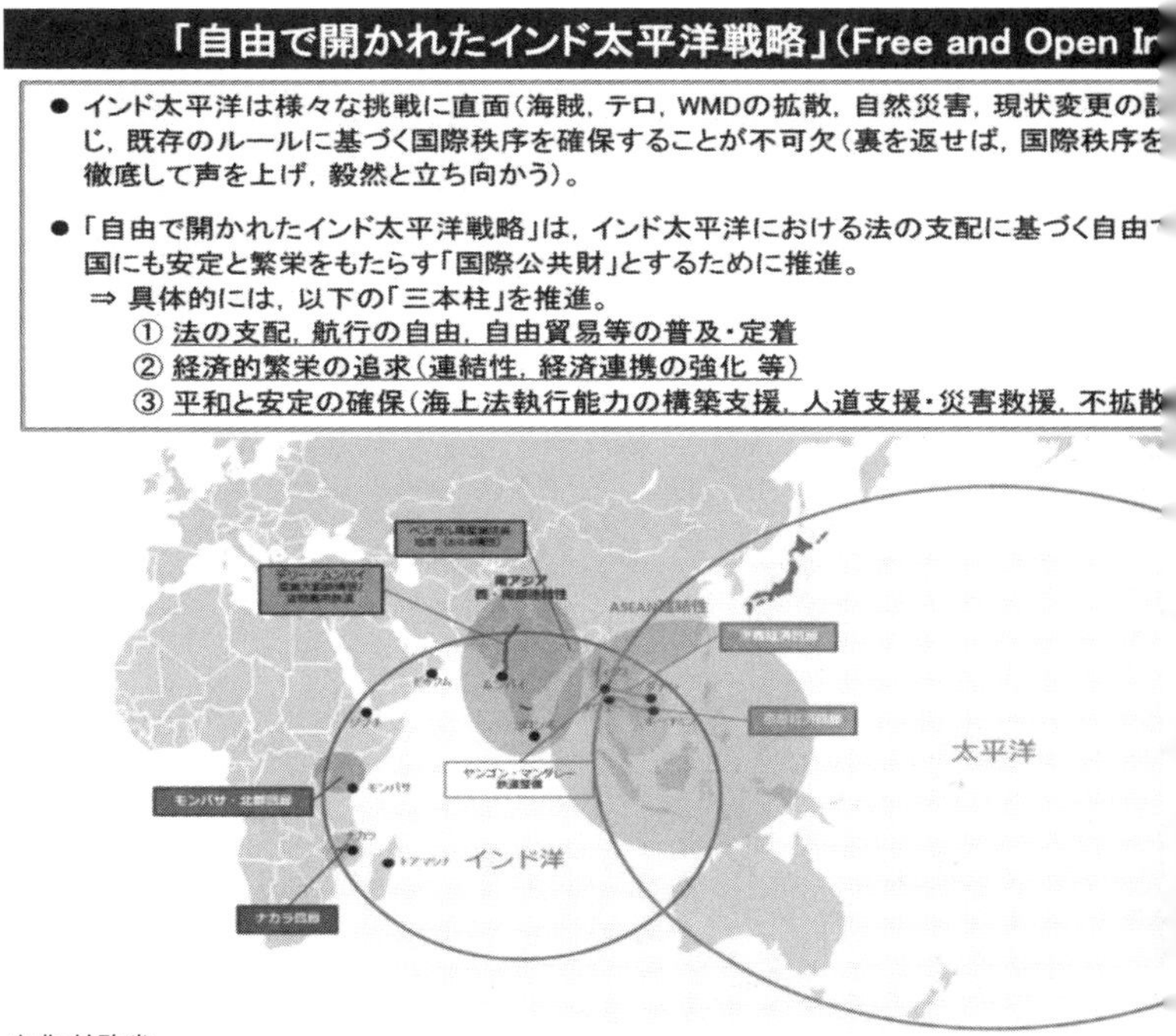
「自由で開かれたインド太平洋戦略」(Free and Open In
● インド太平洋は様々な挑戦に直面(海賊, テロ, WMDの拡散, 自然災害, 現状変更の試
じ, 既存のルールに基づく国際秩序を確保することが不可欠(裏を返せば, 国際秩序を
徹底して声を上げ, 毅然と立ち向かう)。
●「自由で開かれたインド太平洋戦略」は, インド太平洋における法の支配に基づく自由で
国にも安定と繁栄をもたらす「国際公共財」とするために推進。
⇒ 具体的には, 以下の「三本柱」を推進。
① 法の支配, 航行の自由, 自由貿易等の普及・定着
② 経済的繁栄の追求(連結性, 経済連携の強化 等)
③ 平和と安定の確保(海上法執行能力の構築支援, 人道支援・災害救援, 不拡散
モンバサ・北部回廊
ナカラ回廊
インド洋
太平洋

出典:外務省

ギリスや日本などを加えた想定ではない。今回の日米首脳共同声明は、中国による2025年の軍事的優位性確保を阻止するもの、という点では必要不可欠なものだった。

　中国も3隻の空母を建造して威圧を強めている。中国の軍備はロシア由来のものであり、防衛システムはアメリカなどに比べると劣勢だ。現状では中国の空母も海に浮かぶ棺桶になる可能性が高い。中

国の潜水艦は音が大きいため、敵対国からすると位置捕捉も容易で遠距離からも攻撃可能である。

一方、中国にはドローンや衛星など西側と肩を並べる、または優位な装備もあって、安易に見下すことはできない。だからこそ、第4章で詳しく述べるように、アメリカは半導体規制で中国の軍事技術の進化を抑制しようとしているのだ。

また中国はロシアとの連携を深めている。ロシアが軍事面で中国側に立てば、日米はロシアと中国という二面作戦を強いられる。それをどう阻止するかも重要で、朝鮮半島も不安定化する中、日本としても軍事面での厳しい判断を迫られている。

なお今回の日米首脳会談後には、フィリピンを加えた3ヵ国の首脳会談も開かれた。そこで軍事的連携関係を強めていくことが確認され、3ヵ国の間では準軍事同盟関係が結ばれるという方向性が決まったのだった。

NATOプラスとジョーカスの最大の違い

日米首脳共同声明が発出される2日前の4月8日、アメリカ、イギリス、オーストラリアの国防相は、オーカスを通じた先端技術分野の協力に日本の参加を検討すると発表した。日米両政府はオーカスでの日本の協力分野を年内に決める方針だ。軍事と民生用の技術はつながっており、民生技術に強みを持つ日本の関与が大いに期待されている。

このオーカスに日本を加えるというのはＪＡＰＡＮプラスＡＵＫＵＳなので「ジョーカス（ＪＡＵＫＵＳ）」とも呼ばれる。これは２０２３年11月に麻生元首相がオーストラリア国際問題研究所で発表した構想でもある。

東シナ海と南シナ海については太平洋の覇権をめぐる争いがある。これは単なる地域紛争ではないので、現在、そこにオーカスとＮＡＴＯプラスという2つの安全保障枠組みが存在している。ＮＡＴＯプラスはヨーロッパの安全保障枠組みのＮＡＴＯにクアッドを含めたもので、航行の自由作戦に参加している。この2つは並行しているものの、機能が同一ではないから2つの枠組みができたわけだ。

航行の自由作戦にNATOプラスが参加しているけれども、先に述べたように、NATO諸国は同床異夢である。NATOはヨーロッパにおいて、相互確証破壊的な脅しで抑止をしているだけだ。同盟関係としての抑止力には効果があるのだが、抑止力以上の効果は見えてこない。むしろ抑止力が主たる目的だからこそ、NATOとしてはなかなか現実の武力行使はできない。実際、ウクライナ戦争にもNATOは参加していない。

一方、オーカスは大英連邦の関係国で組織されており戦略立案と実行に即応性があって非常時にも動きやすい。日本、オーストラリア、イギリスはTPPに参加している。この点で利益と価値観を共有している。だから地域覇権をめぐっても、オーカスの加盟国は価値観を共有できるのである。

そう考えた場合、やはりオーカスというのは非常に即応性が高くて機能しやすい。だから、抑止力だけではなく、即動けるための合同軍事体制もつくろうとしている。これこそ

文明の衝突

民主主義 VS 専制独裁
自由 VS 隷従
海洋国家 VS 大陸国家

日本が最大の地域プレイヤーであるジョーカスのキーポイントだ。

ジョーカスは日本にとっても非常に大きい。戦後七十数年経ってやっと日本は独り立ちする方向に動くようになったということでもある。

現在、第2次世界大戦後のような国ごとのチーム分けが進んでいる。ロシア、中国、北朝鮮、イランは悪の枢軸とも言われている。そこに混沌としたシリアまで含めるという考え方もある。いずれにせよ、いわゆる冷戦時代の世界の体制にどんどん近づいている。その点でもジョーカスには非常に大きな意義がある。

付言すると、ジョーカスが形成できたのも、日本でセキュリティークリアランス制度が創設される見通しが立ったからだ。この制度は、機密情報へのアクセスを一部の政府職員や民間の研究者・技術者に限定する仕組みになっている。最先端技術に関する機密情報に触れる関係者に資格を付与して機密情報にアクセスできる者を明確にし、それらの情報が国外に流出することを防ぐのである。

威力を発揮するジョーカスのゾーンディフェンス

ジョーカス体制が進むということが確定した以上、今までの1対1の安全保障環境、すなわち自衛隊は自衛隊の指揮権、米軍は米軍の指揮権で個別に運用されていたものが統合して運用されていく。

今後は太平洋や東シナ海で自衛隊の艦艇と米軍、イギリス軍、オーストラリア軍が連携して動くようになる。だから、マンツーマンディフェンスからゾーンディフェンスに変わると言える。点と点の安全保障から、マルチのゾーンディフェンスに変わる。これに非常に大きな意味があるのは言うまでもない。

ゾーンディフェンスになれば、何より中国の艦隊が外洋に出るのを阻止できる。日米首脳共同声明の発出直後の4月11日、中国外交部は記者会見で「日米は中国側の重大な懸念にもかかわらず、台湾問題や領海問題で中国を攻撃し、内政に干渉し、国際関係の基本的ルールに著しく背いた」と強く批判した。そのうえで、「中国はこれに対して激しい不満と断固とした反対を有し、関係者に厳重な申し入れを行った」と述べた。中国がゾーンディフェンスに脅威を感じているのは明らかだ。

ロシアも共同声明の発表後に反応したが、それはウクライナ問題に関して「2022年の停戦合意に基づく停戦を考えてもいい」というものだった。背景には、ロシアとしてはヨーロッパでは黒海艦隊が封鎖状態になっており、スウェーデンとフィンランドのNATO入りによってバルチック艦隊のバルト海もNATOの海になってしまったからだ。

とするとロシアの海洋兵力はアジアの太平洋艦隊だけになりかねないのである。そこにジョーカスのゾーンディフェンスができれば、ロシアは外洋での活動が非常にしづらくなる。ロシアの封じ込めにも、この共同声明は大きな意味を持っているということなのだ。

アメリカ側はゾーンディフェンスが決定したことで、岸田首相に対して下にも置かない大層な好待遇を見せた。そこからもやはりアジアの危機が非常に高まっており、日本の役割へのアメリカの期待がとても大きいことがうかがえる。

ゾーンディフェンスの決定は岸田首相の手柄というより、安倍元首相の積み残しを実現させたということだろう。ゾーンディフェンスの決定は歴史的な出来事だ。その割には日本国内の反応は平穏すぎるほどだった。ものすごく大事なことがスーッとあっさり決まってしまったわけだ。安倍元首相が同じことをしたなら、日本国内で大騒ぎになったかもしれないが……。

民主党も共和党も米大統領選で中国を敵視する

日米首脳共同声明でも明らかになったように、中国に対しては半導体のみならずＡＩやバイオなどの先端技術全般に対する規制が強まっていき、結果的に冷戦時のココム（対共産圏輸出統制委員会）のような体制、新ココムができ上がっていくかもしれない。

ココムの兵器輸出規制協定は、後身の穏やかな規制であるワッセナーアレンジメントに引き継がれた。しかし新ココムは強化される一方となるだろう。これはアメリカの共和党に言わせると経済的なデカップリング（分断）だ。民主党はディスリスキング（リスク軽減）と呼んでいるが、若干の温度差があるだけで、やることは一緒である。

アメリカ大統領選ではこれから終盤にかけて、選挙戦術としては仮想敵をつくる必要がある。安全保障で考えた場合、民主党も共和党もロシアを直接的には敵としないと思う。今の敵はやはり中国なのだ。だから悪の親玉としての中国と習近平というものが演出されていく。

その中国側は今、南太平洋の国々を引き寄せるために努力している。南太平洋には小さい独裁国家や部族国家のような国が多いので、中国がお金を出せばすぐに味方につく。最近はオーストラリアやニュージーランドがお金をくれないものだから、中国になびいているという状況だ。

南太平洋の国々に対しても日本は、中国から引き離すべく積極的に関与していく必要があるだろう。太平洋側にも中国の基地をつくられてしまうと、日本は中国側と太平洋側の両面で戦わなければいけなくなるからである。

香港を諦めていないイギリスの軍事演習

中国はイギリスとの間で交わした「香港では1国2制度を50年間続ける」という約束を一方的に反故にした。国家安全条例を施行して香港を中国の一部にしてしまったため、香港ではもう自由は失われつつある。当然ながらイギリスは約束破りを快く思っていない。

イギリスには香港人も多く住んでいるのだが、国安条例によって中国に逮捕される可能性も高くなっている。それでイギリス政府は、自国内にいる香港人については立場を保障すると表明している。

イギリスには本土旅券と在外旅券がある。在外旅券はイギリスの植民地等でイギリス領の国々に対して発行しているパスポートだ。中国への返還前に香港で生まれた人たちはみんな基本的に在外旅券を持っている。だから、香港人とイギリス本土との関係も非常に深いだけでなく、香港人は政治的ロビーとしても強い力を持っている。

それもあってイギリスはまだ香港を諦めていない。英米法的に言えば、中国が一方的に50年の1国2制度を破棄したのだから、返還契約も無効ということになるからだ。将来的に中国が何らかの形で崩壊するか、あるいは戦争で敗北するかした場合には、再びイギリスの香港租借が復活する可能性はある。

ただしイギリスは民主国家なので政権交代も起きる。しかし、政権交代によってイギリスが香港を見捨てることはないはずだ。例えばオーストラリアでも2022年に中国に融和的な政権が生まれたが、中国に対する態度は基本的には変わっていない。これはオーカスという国際枠組みができているからだ。

イギリスも同じである。現状では次の下院議員選挙で保守党政権が敗北し労働党政権が生まれるだろうと予想されている。だが、たとえ政権交代が起きたとしてもオーカスで動き出したものは、容易にはひっくり返すことができない。

ともあれイギリスは、2025年をメドに東シナ海と南シナ海で定期共同訓練を実施する。これには空母も参加し、いずれも複数の護衛艦、駆逐艦、原子力潜水艦とともに運用される。これで定期的な軍事演習を行う予定だが、となると事実上の常駐化だ。

将来的にそのイギリス軍の軍事演習にアメリカの空母打撃軍と日本の護衛艦が加わったら、東シナ海と南シナ海のパワーバランスが一気に変わるだろう。日本の護衛艦は「かが」だから、F35Bの運用も可能になるはずだ。

要するに、そうしたジョーカスの共同作戦チームなら東シナ海と南シナ海で中国海軍を圧倒できる。だから、イギリスの軍事演習に対して中国は強く反発している。安全保障面ではこれから中国は追い込まれていくのである。

インドのモディは習近平の天敵である

もう1つの枠組み。「クワッド」についても見て行こう。その構成国の1つ、インドのモディ首相は、習近平が最も嫌いな外国の政治指導者だろう。非常に社交的であり国際社会の中でリーダーシップを振るっている。中国はBRICSを立ち上げたとき、ブリックス銀行を設立したりして主導権を取ろうとした。それを阻止したのがインドだった。

インドは人口で中国を超えようとしているわけだが、インドの人口ピラミッドは中国のように歪んだものにはなっていない。インドも子供が少なくなっているため、底辺がやや減っているけれども、まだまだ若い人が多いので、きれいな人口ピラミッドになっている。

また、インドは世界最大の民主主義国であるということを売り物にしている。そういう面からも西側諸国の目がモディという人物に向けられる機会が非常に多くなっている。裏を返すと、インドは西側諸国をうまく操っているのだ。

政治的にはインドはロシアとアメリカを天秤にかけながら、ロシアの問題やウクライナ問題でもしっかりと中立を維持している。それでロシアから安いガスや石油を買うと同時に、アメリカからは30億ドル相当の軍用ヘリコプターなどを買っている。

もともと印僑のネットワークは華僑のネットワークよりも強力である。特にゾロアスター系の人たちが強い。インドのタタグループなどはゾロアスターの商人たちや印僑のグループをうまく利用している。そういう意味でも習近平の天敵はモディだろう。

それにモディは外国の政治指導者に対しても気配りができる。例えばツイッター（X）でもモディは、安倍元首相やトランプなど世界の多くの指導者に対して「お誕生日、おめでとう」などとまめにアップしている。日本で地震が起きたら、「大丈夫ですか」と書く。本人がやっているのかどうかはわからないものの、習近平と比べたら雲泥の差だ。習近平は愛想がない。

従来のBRICSサミットは中国が主導権を握る形で行われてきた。しかし今はもう完全にインドがBRICSを引っ張るような形になっている。G20においてもインドの存在感が大きくなってきている。

ただインドの問題点は、アメリカから軍用ヘリなどを買ったとはいえ、ほとんどの軍備がロシア系ということだ。となるとＮＡＴＯもインド軍と共同で軍事行動をすることは難しい。それでも敵に回ってしまうと厄介だから、ＮＡＴＯとしてはインドを仲間に引き入れておくことが非常に重要なのである。

アメリカのデータリンク切断で無効化される韓国軍

一方日本は、韓国との関係もあらためて考え直さなくてはならない。「日本は韓国と同盟関係にある」と誤解している日本人もけっこういる。だが、両国には同盟関係などない。同盟関係なのはアメリカと韓国、アメリカと日本なのである。日本と韓国はアメリカを介してつながっているにすぎない。だから、これは三角関係だと言える。

また、度々韓国は北朝鮮や中国にすり寄っていく。それはアメリカも日本も気に食わないのだが、韓国が民主主義国である以上、どうしようもないことでもある。

韓国では軍事独裁政権が長かったために大統領権限が非常に強い政治制度になっている。国会は日本の地方議会のように大統領の判断を事後承認するような機関ではある。しかし予算を握っているという点では強い。そこに韓国政治の1つのポイントがある。

2024年4月の韓国の総選挙では保守系の与党が大敗し、左派の野党が国会を牛耳ることになった。大統領の権限は非常に強いので、当面は政権運営に直接的な影響は出ないだろうが、予算を左派が握ることになるため、その点ではさまざまな問題が発生すると推測される。左派には北朝鮮との融和を主張している議員も多いし、北の傀儡ともいえる有力議員も多数存在する。

2027年に予定されている次の大統領選挙がどうなるかは、韓国の政治情勢が混沌としているために現時点では予想が非常に難しい。今の尹錫悦政権は保守系だが、次に再び左派が政権を取ると、日本に対して厳しい態度で臨んでくる可能性が高い。戦後の日本と韓国との政治的な関係は、友好と反発を繰り返す振り子の歴史だった。

韓国が左派政権になったら、確かにアジアの安全保障環境も厳しい状況になる。だが、韓国の軍備は基本的にアメリカのデータリンクがないと機能しない。だから、アメリカがデータリンクを切ってしまうと韓国軍はほぼ無効化されてしまう。当然、それはアメリカにはわかっている。といって、韓国も今さら中国やロシアから武器を買うことはできない。

アメリカとの関係では、民主党は過去に韓国を日本に押し付ける戦略を取ってきた。共和党についてはトランプが大統領のときには「在韓米軍を撤退してもいい」とまで言った。次に再びトランプが大統領になったら、やはり共和党は韓国を見捨てる戦略に切り替えるだろう。そのとき、韓国を取り巻く環境は大きく変わるはずだ。

第5次中東戦争なら日本は米国の石油に依存する

本章の最後に、日本のシーレーンの問題についても、少し触れておきたい。最近、中東情勢が怪しくなっている。

石油需要の9割以上を中東に依存している日本の状況は、厳しいものとみられている。もし第5次中東戦争が起きて、ペルシャ湾、スエズ運河、ホルムズ海峡、マラッカ海峡など日本のシーレーンが封鎖された場合、石油危機が来ると警鐘を鳴らす向きもある。日本の石油備蓄が180日分以上あるとしても、現状ではロシアからエネルギーを調達するのが難しいからだ。

しかし、じつはそこまで心配する必要がないかもしれないのだ。日本は積極的にアメリカからエネルギーの購入をすればよいのである。

トランプ政権のとき、シェール革命が起こって、アメリカは世界最大の産油国になった。以前はアメリカの石油需要の2割ぐらいは中東から輸入していたのだが、すでにシェールガス、シェールオイルの輸出国になっているので、自国だけでエネルギーを調達することができるようになっている。

そして当時、アラスカのシェールガス、シェールオイル

に作成

日本のシーレーン

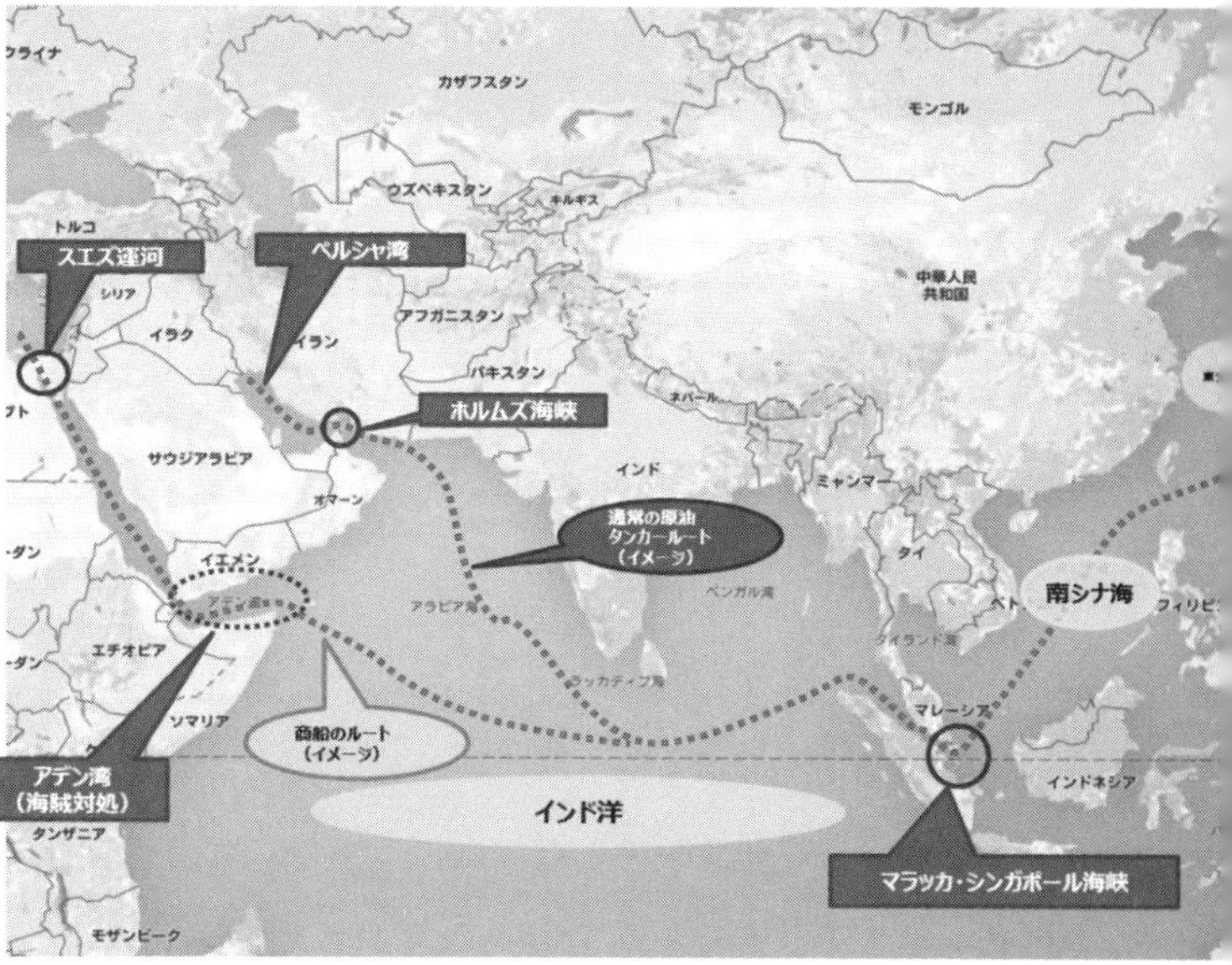

出典：資源エネルギー庁HP（http://www.meti.go.jp/committee/summary/eic0009/pdf/006_06_02.pdf）
日本船主協会「shipping now 2015-2016」（https://www.kaijipr.or.jp/shipping_now/pdf/introductior

を開発し、それを日本に輸出するという話が出ていた。しかし現時点でそれはペンディングになっている。コスト面で、あまり得とは言えないからだ。

しかし実は現在、中国は大量のＬＮＧ（液化天然ガス）をアメリカから輸入しているのである。日本に中東からＬＮＧが来なくなった場合、同様に日本もアメリカから買えばよいのである。石油も同様である。

また、米中関係の緊張がさらに高まれば、アメリカは中国にエネルギーを売らなくなるだろう。そうなると日米間のエネルギー取引がさらに活性化することになる。日本がアメリカからエネルギーを輸入するとなると、日本にとってのシーレーンの意味合いも、従来とは大きく様変わりすることになるのである。

第2章

日本に求められる台湾との正式なパイプづくり

地図づくりから始まった戦前の日本の台湾統治

第1章で見てきたように、台湾海峡、南シナ海周辺の東アジア情勢は大きく変貌しようとしている。アメリカ、イギリス、オーストラリア、フィリピン、日本、台湾が結束を固め、中国を封じ込める体制が明確に見えてきた。

再び40年ほど前の「冷戦時代に回帰する」状況になってきているのだ。

そこで以下、歴史を振り返りながら、日本が東アジアで何ができるかを考えていきたい。何よりも大切なのは、台湾との関係である。

日本と台湾の関わりは、1894年に起こった日清戦争の後に深くなった。日本は日清戦争で清国に勝ち、1895年4月に結んだ下関条約で清国から台湾の割譲を受けた。日本の台湾統治が始まったのは6月17日だった。

かつて「化外《けがい》の地」と言われていた台湾を手に入れた日本は、莫大な税と有能な人材を投下して台湾の開発を進めていった。例えば拓殖大学はもともと台湾などの植民地に人材を送り込むための大学で、テクノクラートと呼ばれる技術官僚を育成する学校でもあった。当然、拓殖大学出身者も台湾に送られたのである。

日本は台湾総督府を台湾統治の司令塔にした。統治にあたって日本がまず始めたのが台湾の地図づくりだ。地図がなければ統治のしようがない。同時にどのような国家をつくるのかという構想も立てた。

最初に台北の地図をつくったのだが、それに基づいて札幌と同様に台北に碁盤の目のように道路を通して新しい都市の形成を図っていった。また、交通網の整備も必要だということで台湾島を縦断する形で台湾鉄道を建設した。台湾総統府は海外にあった日本の植民地における統治のシンボルともなった。

台湾における最大ポイントは、当時世界最大のロックフィル式ダムである烏山頭ダムの建設だ。これに伴ってさまざまな用水路もつくっていった。

赤道の北回帰線は台中にある。台中より上が亜熱帯で下が熱帯だ。台湾島は真ん中に4

000メートル級の中央山脈が走り、その傾斜が非常にきついことから水を貯めることができない地形になっている。

特に台中から対南にかけては水不足が非常に深刻な問題だった。これが台湾が化外の地と言われた大きな理由でもあった。年に1度作物がつくれるかどうかというのが台中から台南にかけての状況だった。そのため安定した農業生産を行いたくてもできず、貧困にあえいでいたのだ。

そこに烏山頭ダムと5つの用水路ができたことで肥沃な大地が生まれたのである。嘉南《かなん》大圳《たいしゅう》では四毛作も可能となっており、これが台中から台南の人々が日本を愛してくれている最大の要因ともなっている。

もともと台湾島はポリネシアに近く、沖縄などと同様の海洋民族が住んでいた。それに対して古来より中国本土から多くの移民が来てミックスされているのが、現在の台湾人ということになる。

戦後、中国大陸から国民党とともに新たに入植した人たちは「外省人」と呼ばれ、それ以前に住んでいた人たちは「本省人」と呼ばれている。日本統治下の記憶があるのも本省人たちで、大東亜戦争、太平洋戦争にも多くの本省人が実際に参加した。現在の台北の松山空港は、特攻隊の出撃基地の1つでもあった。

松山空港の脇に立つのが、大手新聞社である自由時報の本社で、私が訪ねたとき、最上階にいたのがオーナーの呉阿明氏だった。日本語で「多くの台湾人が日本人として松山から戦争に行ったんだよ」と話していたエピソードは有名である。

またかつて、李登輝総統に会ったときも、「我々はもともと日本人だったんだよ」と言われたことがあった。

国連総会で盛り上がった「中国招請、台湾追放」の声

終戦で台湾は日本の統治から離れたけれども、蒋介石率いる国民党の中華民国との間で日本との国交は持続した。しかしこの日台の国交も今から52年前の1972年9月に国交

断絶という形で悲しい歴史を刻んでしまった。

日本の敗戦によって日本軍が中国大陸から引き揚げるとき、国民党政府の蒋介石は「以徳報怨」（徳をもって怨みに報いる）で日本への帰還を許し、かつ賠償も求めなかった。

蒋介石は内戦に敗れて台湾に逃げ、中国本土には毛沢東による中国（中華人民共和国）が成立したのだが、吉田茂首相の日本政府は蒋介石への恩義を感じ、台湾政府と日華平和条約を結んで中国との戦争状態を終了した。

以後も日本政府はアメリカの影響下で反共に動き、岸信介や佐藤栄作などの歴代首相も台湾を訪問したのである。

１９７１年7月になってアメリカのキッシンジャー大統領補佐官が極秘に訪中し、国連でも台湾ではなく中国を加盟させようとする動きが強まっていった。

そうした中、岸などが台湾の独立を進めようとしたものの、台湾政府としてはそれを認めなかった。

なぜなら当時、台湾の国民党は「中国本土は我が領土であり、本来の支配者は国民党である」という立場を維持していたからだ。また、当時台湾に渡っていた中国本土出身者の多くも、再び本土に戻ることを夢見ていた。

佐藤はアメリカのニクソン大統領と沖縄返還で合意したとき、その日米共同声明に「韓国の安全、台湾の安全」が「日本の安全に重要」とするいわゆる韓国・台湾条項を入れた。これが「台湾は中国の不可分の領土」とする中国を刺激したのは言うまでもない。

中国問題は難しい。正統政府を主張する2つの政府が存在し、いずれかと外交関係を持とうとすれば、片方とは断交という結果を生ずることになってしまう。しかも、いずれの政府も日本にとって歴史的、地理的関係から無視することはできない。

ただし台湾政府の実効支配が及ぶ範囲は、台湾本島、膨湖島、金門、馬祖島など中国の領土からすればきわめて狭い地域だ。一方、北京を首都とする中国は、広大な領土と十数億人に及ぶ膨大な人口を擁し、それらを背景にして年ごとに国際社会での存在感を誇示するようになった。

国連でも中華人民共和国を中国の正式代表として招請すべきだというムードが年ごとに

高まり、ついに1971年10月の第26回国連総会で「中国招請、台湾追放」ということになってしまった。

椎名ミッションの直後に出た「日中共同声明」

ニクソン大統領が1972年2月に訪中を行って、日本も中国を選ぶのか台湾を選ぶのかという二者択一を迫られることになった。

佐藤政権が退陣し、福田赳夫と田中角栄の2人が自民党総裁を争ういわゆる角福戦争を経て、1972年7月7日に田中が自民党総裁に選ばれ田中内閣が誕生した。田中は日中正常化を外交の最重要課題として取り上げ、親中の公明党との関係も深く、日中国交正常化を強く推し進めていった。

これに現状維持を唱えたのが福田だったが、角福戦争で敗北したため日中国交正常化への流れをとめられなかった。

田中は8月31日にハワイにおいてニクソンとの日米首脳会談に臨んだ。そこで日中国交正常化に踏み切り、アメリカとともに、これまで味方してきた台湾政府とは外交関係が終わることを伝えたのである。

しかし田中としても自民党内の親台派への配慮が必要だったから、台湾を無下にはできなかった。それで9月17日に台湾に椎名悦三郎自民党副総裁を特使として派遣したのだが、これが椎名ミッションである。椎名を通じて台湾政府に田中の首相親書を渡し、わずかでも台湾の怒りを鎮めるためだ。

椎名はかつて日韓条約交渉のときも外相として韓国に出向き、民衆のデモに遭った人物だ。椎名はそのような嫌な役回りをこなすことができた。

自民党所属の衆参の国会議員を含む二十数名を引き連れた椎名ミッションは、1972年9月17日午後、台湾の首都の台北に入った。やはりこのときもデモ隊に取り囲まれ、蒋介石は風邪と称して会ってくれなかった。

特使の椎名は台湾政府の要人たちとの会合の席で、「中華民国との従来の深い関係に鑑み、あらゆる方面の従来の関係を継続していく」「従来の関係とは、外交関係も含めてその他のあらゆる関係を共に従来の通りに維持していくという前提で、両国の間の折衝を進めるべきである」という内容の挨拶をした。これは日台関係を従来のように継続するというサインだった。台湾側は安堵し喜んだのである。

ところが、椎名ミッションが帰国して1週間も経たない9月25日、田中首相、大平外相、二階堂官房長官の一行が北京を訪問した。

日中の首脳会談が終わったのは29日である。同日、人民大会堂において日中正常化に関する共同声明が調印された。その後、大平が記者会見に臨み、「日中共同声明の調印により日華平和条約は存続の意義を失い、終了したものと認められる」という日本政府の見解を発表した。

それまで日本側は、中華民国政府が中国を代表するものとし、日華平和条約は国際法上有効な条約であるとの立場を明らかにしていた。

しかし日中首脳会談で中国側は、台湾は中華人民共和国の一部であり、日華平和条約の締結はそもそも無効であって、日中の戦争状態は日中共同声明の発表をもって終結するものという考えを主張したのである。

それにしても、日中共同声明の発表は、椎名ミッションが台北を訪問し、日本と中華民国との関係は外交関係を含めて維持継続すると発言してから、わずか11日後のことだ。台湾政府は憤慨し、同じ29日に即座に対日断交宣言を発表したのである。

先細りが憂慮されるようになった日台関係

日台両国は国交を断絶することとなり、1972年10月26日に日台双方の大使館は国旗掲揚を停止し、両国の大使もそれぞれ本国に帰任したのだった。

改めて1972年9月29日に日中両国によって出された日中共同声明にふれると、正式名は「日本国政府と中華人民共和国政府の共同声明」である。日本の田中首相・大平外相と、中国の周恩来首相・姫鵬飛外相との間で行われた意見交換に基づいてつくられた。

内容は、両国国民の願望、戦争の反省、国交正常化という3つの思想の前文と、両国の不正常な状態の終了、中国政府の唯一合法性の承認、台湾が中国の一部であることの尊重、外交関係の樹立、戦争賠償の放棄、平和5原則と国連憲章の原則の確認、覇権主義に対する反対、平和友好条約の締結のための交渉の合意、貿易・海運・航空・漁業等の諸実務協定の締結のための交渉の合意という9項目の本文とで構成されている。

これにより日本と台湾との間の日台平和条約は終了し、日本は中華人民共和国政府と国交を樹立することになった。

それで日本と台湾とは政府レベルでは断交したのだが、民間レベルの交流は継続することになったため、経済、文化、人事の交流を円滑に図ることを目的とした日台の交渉が進められた。さっそく12月1日には、日本側に交流協会、翌12月2日には台湾側に亜東関係協会が実務機関として設立された。

いずれも事実上、大使館に代わる機構であり、スタッフもほとんどが実務に関連する諸官庁から出向の形で任務に就いた。けれども表向きは民間の機関であるという建て前から、代表には双方とも民間人が就任することになった。

本来、日華交流協会あるいは日台交流協会とすべきだっただろう。あえて日華とか日台といった名称を外したのは、やはり中国を見据えた一種の政治的判断で、特に自民党内の親中派の反発が強く、国家を指定することによるハレーションが大きくなると予測されてきたからである。

しかし台湾は1992年5月から台北駐日経済文化代表処という名称で東京・港区の白金台に大使館に代わる機関を設けている。さらに安倍政権だった2017年1月、財団法人交流協会は日本台湾交流協会へと名称が変わった。日本と台湾が明示されることになったのだ。

一方、日本と台湾との政治ルートと言われるものが3つある。まず岸信介元首相とその娘である安倍洋子さんなどが支えてきた無党派の日華議員懇談会、次に自民党青年局、さらに日本台湾交流協会だ。但し、最大の問題は、そのどこにも政治的決定ができる機能がないことにある。安倍総理ご存命の内はそれでも何とかなったが、今は与党をまとめる技量を持つ議員がいない。

そして、この数十年、戦後の日台関係を知る人たちがどんどん他界している。日本側はもちろん、台湾側でも例えば自由時報の呉阿明氏、李登輝元総統など親日派が鬼籍に入ってしまった。

だから、多くの日台関係者が強く懸念してきたのは、お互いに高齢化していく中で、この先、日本と台湾との関係をどのように維持していくかということだ。

これまでは日本と台湾との間に国交はなかったので、民間交流という名の下に交流をしてきた。けれども、それは政治的な決定ができるようなものではなく、あくまでも人と人とのつながりでしかなかった。

だからやはり日台関係の先細りが憂慮されるようになったのだった。

謝謝台湾計画を機に動き出した日台の政治関係

しかし先細りだった日台関係を大きく変えたのが、自民党が下野していた２０１１年３月11日以降の大きな出来事である。

３月11日は言うまでもなく東日本大震災が発生した日だ。三陸沖の宮城県牡鹿半島の東南東１３０キロ付近の深さ約24キロを震源とする地震で、マグニチュードは９・０。これは日本国内観測史上最大規模であり、１９００年以降では世界でも４番目の規模の大地震だった。

宮城県北部の栗原市で最大震度７が観測されたほか、宮城県、福島県、茨城県、栃木県などでは震度６強、北海道から九州地方にかけても震度６弱から震度１の揺れが観測された。

また、岩手、宮城、福島県を中心とした太平洋沿岸部には巨大な津波が襲いかかり、仙台平野では海岸線から約5キロ内陸まで浸水したのである。津波によって外部電源が遮断された東京電力福島第一原発は事故を引き起こしてしまった。

被害は震災から3ヵ月を超えた6月20日時点で死者約1万5000人、行方不明者約7500人、負傷者約5400人にも上った。

苛烈な震災被害に対して世界各国・地域、国際機関から救援物資と義援金が届けられた。そうした中でも行政機関・各種団体・個人合わせて約250億円もの巨額の義援金を送ってくれたのが台湾だった。他のどの国をもはるかに超える金額だ。

台湾の人口は日本の5分の1くらいの約2300万人でしかない。その意味では小国である。にもかかわらず、多額の支援をしてくれたのだ。

当然ながら日本国民はこの台湾の人たちの親愛の情に大いに励まされ深く感謝した。ところが、当時民主党政権だった日本政府の対応は酷かった。

東日本大震災から1ヵ月後の2011年4月11日、日本政府は東日本大震災への支援に感謝する菅直人首相のメッセージ広告を掲載した。この会社広告は、韓国、アメリカ、中国、イギリス、ロシア、フランスの6ヵ国の7紙に掲載されたのだが、世界最大の義援金支援を行った台湾の新聞への感謝広告は行われなかったのである。最も支援してくれた台湾を外したのは言語道断だ。

そこで私の妻である木坂麻衣子は「台湾にも感謝広告を出してきちんとお礼をしたい」と台湾の2紙への感謝広告掲載を決意し、ツイッター（X）を使って1口1000円で広告費約240万円の募金を呼びかけた。

すると日本各地から数日で1900万円以上の寄付金が集まったので、電通に勤めていたときのコネクションなども使って5月3日に「謝謝台湾（ありがとう、台湾）」と題した感謝広告を台湾の聯合報（朝刊9面）と自由時報（朝刊5面）に掲載したのだ。広告費の約240万円を超えた寄付金は日本赤十字社を通じて義援金として被災地へ送られた。これは今では「謝謝台湾計画」とも呼ばれている。

そして、この謝謝台湾計画を機に、日台関係も政治関係も大きく動き出すことになったのだった。

国交を断絶しているため、与党の政権関係者および与党の幹部は台湾に行けなかったのだが、東日本大震災当時、野党だった自民党の幹部も自主規制の形で台湾訪問をしないようにしていた。

しかし謝謝台湾によって自主規制が崩壊し、森喜朗元首相、麻生元首相、安倍晋三元首相など自民党の重鎮議員が台湾を訪れるようになったのだ。

これは前述の3つの政治ルート以外の新たな政治ルートとなった。同時に重鎮議員の台湾訪問は日台関係に関わる政治家の世代交代も促したと言える。

こうして政治家の日台交流が活性化してきたことで、2021年に台湾のパイナップルが中国から輸入禁止の措置を受けたときも、日本の政治家は強く反応して、中国が輸入していたパイナップルを超える量を日本国内で消費してもらうという取り組みをしたのだった。

それで日本は台湾にとって最大のパイナップル輸出先になり、日本での台湾パイナップルの輸入は2年間で8倍以上にも拡大した。

また、TSMCは2021年10月に日本に半導体の新工場を建設すると発表したが、これもそうした日台の民間交流の深化とともに起こったことなのである。

台湾との関係を規定する法律が必要だ

台湾の民進党（民主進歩党）は、中国本土も中華民国のものであるという立場を取ったことは1度もない。それに対して、国共内戦に敗れた国民党はいまだに中国本土も中華民国が正当な支配者だという立場を崩していない。両党で大きく違っている部分である。

ただし国民党も1枚岩ではない。本土派と呼ばれる台湾本土を重視し、台湾独立を容認する人たちも多くいる。国民党のエリートと呼ばれる元総統の馬英九などは、いまだにその立場を崩していない。先日中国を訪問した際も「中華民国が中国本土の正統な支配者である」という1つの中国原則を述べて、中国当局から強い反発を受けた。

この問題に関連した言葉に「ワンチャイナポリシー（1つの中国）」がある。別名は「両岸問題」だが、「1つの中国」の意味は人と立場によって異なっている。

中国が言う「1つの中国」は台湾まで含めて中国の領土であるということだ。一方で、日本とアメリカの立場は、中国が「1つの中国」を主張しているということを尊重しているだけにすぎず、認めているわけではない。

むしろ台湾関係法などで台湾との外交関係を維持しているアメリカにおいては、「1つの中国が2つある」という意味として受け取ってもいいだろう。

要するに「1つの中国」が曖昧なので、「ワンチャイナポリシー」の概念もよくわからない。日本人には理解しづらい問題なのは間違いない。

また、アメリカが台湾に関して台湾関係法等を成立させているのに対し、日本はアメリカよりも7年も先んじて台湾と断交したこともあって、台湾との関係を規定する法律がないという状態が続いている。

アメリカは曖昧戦略を取りながらも、台湾関係法という法律での規定があるから、アメリカでは政府だけでなく議会も台湾とつながっているので、下院議長が台湾を訪問したのだった。それで最近、法律をつくって台湾に対処すべきだという意見が日華議員懇談会などからも強く出るようになってきている。

安倍元首相がご存命であれば、その法律をつくる動きも本格化しただろう。安倍派は自民党内の最大派閥だったから、他派閥と連携すれば比較的容易に法律をつくれる立場にあった。

今は派閥の裏金問題等で安倍派は瓦解している。安倍元首相という支柱がなくなり、岸信夫氏という日台をつなぐ重鎮議員も引退した今、台湾に対処する法律をつくるという政治的プロセスも曖昧になってしまっている。

アメリカは台湾にアメリカ在台協会を置いており、そこに450人の職員がいるし、台湾関係法によってアメリカと台湾は相互に外交特権を持っている形になっている。

アメリカの政治家は台湾で、台湾の政治家はアメリカでそれぞれ外交特権を行使できるのだ。しかし日本の政治家も台湾の政治家もお互いの国では外交特権がない。

日本には日華議員懇談会、自民党青年局、日本台湾交流協会という3つの政治ルートがあるが、どこも政治的決定権は弱い。そのため日本の政治で台湾政策を決定するプロセスが曖昧になっている。これはよく言えば、台湾関係法のような法律がない中での曖昧戦術だが、台湾有事のような非常時には機能不全に陥る可能性が高い。

とすれば、自民党に台湾部会をつくって政治的な機能を持たせることが望ましいのではないだろうか。その動きが今後具体的に進んでいくことを期待したい。それこそが、日本が東アジアにおいて存在感を高めていくことにつながるのだから。

第3章

頼清徳・新総統の対中戦略を読む

中国に対する民進党と国民党の姿勢の違い

台湾は蒋介石の後継である息子の蒋経国が総統だった時代まで、国民党の独裁政権だった。１９８８年の蒋経国の死去に伴い、国民党の政治家だった李登輝氏が副総統から本省人として初めて総統となった。

そして１９９０年3月に起こったのが、全国の大学生約６０００人による三月学生運動だった。

学生たちが政府に要求したのは国民大会の解散、国是会議の開催、臨時条款の廃止などである。国民大会は終身議員で構成される議会で、国是会議は政界・財界・学会の著名人を総統の名義で召集する単発的な会議。臨時条款は中国共産党との内戦継続を前提とし総統に憲法を超える権限を認めた臨時法だ。

李登輝総統はまず学生側の要求を受け入れて国是会議を開催した。１９９１年には臨時条款を解除し、国民大会の終身資格を持った議員を引退させて、民主的な選挙と国会の開設を約束した。

1996年3月には、総統の任期満了が来たのを機に、台湾で初めて国民の直接選挙による総統選挙が実施され、李登輝氏が総統に再任された。以後、台湾では総統選挙だけでなく国会議員選挙（立法院選挙）も、国民が直接選挙する民主政治が実現したのだった。

李登輝氏は台湾が民主化する重要な転換点を生み出したのだ。

2000年には民進党の陳水扁が総統選挙に勝利して、台湾で初めて政権交代が実現した。その後は2020年まで民進党と国民党の総統が2期8年ごとに誕生し、政権交代が行われてきた。

国民党と民進党の違いは、もともとは国民党が中国本土から渡ってきた外省人の亡命政党なのに対し、民進党は本省人が中心となってつくったという点だ。今の台湾では台中から台南にかけてが、民進党の強い地盤である。

2024年1月13日に投開票が行われた総統選では投票率は71・86％となり、前回20

20年の総統選の74・90％を3ポイントほど下回った。結果は与党・民進党の頼清徳が558万6109票（得票率40・05％）で当選し、最大野党の国民党の侯友宜は467万1021票（同33・49％）、台湾民衆党の柯文哲は369万0466票（同26・46％）だった。頼清徳と侯友宜との得票差は91万4998票で100万票までは開かなかった。

同じ日に実施された立法院選挙では、定数113議席のうち52議席を取った国民党が第1党となり、民進党は51議席に留まって単独過半数には及ばなかった。民衆党は8議席、無党籍が2議席となった。

従来、国民党と民進党が8年ごとに政権を担ってきたので、8年で政権交代なら今回は国民党政権になるはずだった。だが、民進党政権がさらに4年続くことになり、8年交代の政権に例外が起きたのである。頼清徳は2024年5月20日に総統に就任した。

立法院選では破れなかった3期目のジンクス

台湾もアメリカも大統領制だ。国会は台湾が1院制で、アメリカが2院制だという違いはあっても、大統領が外交や行政の実施の権限を持ち、国会が予算と立法を握っているという点で国政の政治制度はよく似ている。

陳水扁時代に民進党は、確かに政権は取ったものの、国会は過半数ではなかったため、陳水扁はレイムダックに陥った。例えば軍事的対応を行いたい場合、非常事態宣言を出すという裏技はあるにしても、国会が予算を付けてくれなければ実際には何もできない。

しかも台湾の場合、地方政府が日本以上に力を持っていて、各知事の権限はけっこう大きい。台湾の市長も日本の閣僚に当たるほどの強い権限を持っている。

国民党は利権政党だというのが1つの姿で、かつての古い自民党のような政党だ。だから地方の公共事業や土木建築などを独占していて、利権で地方とベタにつながっている。

そのため民進党は地方選ではなかなか勝てない状況にあった。立法院選挙ではどうにか勝てても地方選ではだいたいボロボロに負けるというのが民進党だった。

また、現在の国民党の政治家がいまだに国民党の中華民国が中国本土の正当な支配者であると考えているかどうかとは関係なく、地方の知事や市長たちには、中国とビジネスでつながっている人たちも少なくない。特に馬英九総統の時代には、中国との関係をかなり強める動きをしたので、中国とビジネスで深く関わる若い政治家が多くなった。

以上を前提にすると、2016年の総統選では、以前なら地方で勝てなかった民進党が大勝したというのが大きなポイントである。2020年においても蔡英文が総統選で大勝し議会も民進党が過半数を取った。

では2024年の選挙はどうだったのか。頼清徳が総統選で勝利したこと自体はいいのだけれども、議会は完全にねじれてしまった。再び国民党が議会第1党となり、民衆党というポピュリズム政党がキャスティングボートを握ったのだ。

李登輝総統が誕生する前、台湾は戒厳令下にあって国民には選挙権が与えられていなかった。民主的な選挙というものがなかった。

李登輝総統になって民主的な選挙が行われるようになったのだが、国民としては国民党1党独裁の長い時代を経ているため、やはり1つの政党に政権を3期以上任せるということに逡巡があったと思われる。それで2期8年ずつの政権交代が続き、3期目の総統選には勝てないというジンクスも言われるようになった。

今回の総統選においては、確かに民進党は3期目のジンクスを破ることはできた。だが、国会では過半数を取れなかったので、完全にジンクスを破ったとは言えないだろう。

民衆党と国民党の切り崩しが民進党の課題

台湾の国会の選挙制度は日本とよく似ている。小選挙区の地域選挙にプラスして比例の選挙がある。比例では政党別の得票数に合わせて議席が分配される。

今回の選挙では、民衆党は地域選挙では勝てなかったものの、比例では予想以上に奮闘して8議席を獲得した。何度も言うように、それで民衆党はキャスティングボートを握ったのである。

民衆党は柯文哲の独裁政党だ。はっきり言って、柯文哲という人そのものがポピュリストであり煽り屋に近い。政治的イデオロギーで見ると、民衆党の母体となっているのは親民党という国民党よりも中国寄りの政党と、2016年に誕生した時代力量という台湾民主化運動の主力となった政党だ。この2つの政党のメンバーが民衆党という1つの政党の中に入り混じっている。

それ自体がおかしな話なのだが、単独では国民党や民進党には選挙で勝てないので、勝つために、民衆党を選んだ人たちが民衆党に集まっているとも言える。

比例の議員は、日本と違って政党をやめたり政党から解任されたりした場合には、議席を政党に返すことになる。だから柯文哲は2年ごとに立法院の民衆党の議員を入れ替えると言っている。下手すると8議席かける2年で4年間に16人の議員が出てくる可能性もある。

いずれにせよ、民衆党は政治的イデオロギー的にいったい何をしたいかがよくわからない。もっとも、柯文哲と国民党は、中国ともアメリカとも同時に仲良くできるという点だけは一致している。

さらに軍事の部分については、蔡英文政権のときと同様に頼清徳政権でも台湾有事に備えて軍事の拡張をしなくてはならない。場合によってはＧＤＰの３％程度まで軍事費を引き上げる必要があると言われている。

対して柯文哲は、国民党とともに軍事費の現状維持か削減を主張している。これが今後の軍事予算の拡大において、大きな障害になるのではないかとも予想されている。

しかし柯文哲がアメリカとの関係も重視しているのなら、アメリカ側から柯文哲に圧力をかけてもらう、ということを期待する声もある。

実は国民党も１枚岩ではない。国民党としても党議拘束をかけることはできるが、１枚岩ではない以上、中国本土派ではない議員たちを切り崩して民進党に取り込んでしまうという案もある。

ただし国民党の政治家は地方の土木事業を中心とした利権と癒着し、密接な関係にあるので、その点では民進党への転向は難しい。転向しそうな人はもうすでにしてしまっている状況にある。民進党にとって国民党の政治家の切り崩しは簡単ではない。

コロナ対策で国民支援の手を打たなかった蔡英文政権

今回の選挙で民進党が国会で過半数を取れなかった大きな要因には、蔡英文政権がコロナ禍にもかかわらず、経済面でセイフティーネットなどの対策を何も打たなかったことが挙げられる。

台湾はコロナ対策の優等生で、ロックダウンもゼロコロナも成功させた。コロナの前半のゼロコロナの間は、海外から来た人は14日間の完全隔離になるため、観光客もゼロになった。

反面、経済が非常に落ち込んでしまい、台湾の街から活気が失われた。コロナで町場の商店が大打撃を受けて、今も半分ぐらいがまだシャッター街になっている。例えば台北駅の地下街はもともと長すぎて店があまりにも多く、しかも同じような店が並んでいたのだが、今、地下街の店の3分の1も営業していない。

台湾では人口に対して店が多すぎるので、以前からサービス業は過剰だった。そのことがコロナの悲惨な状況に拍車をかけている。

小さな店はコロナが終わるまでにどんどん潰れていった。それで失業した人たちがいまだにウーバー・イーツの配送員などをやっていたりする。店が潰れて再び立ち上がろうとしても、そのためのローンチの資金もなかなか借りられない。

台湾ではコロナ禍になっても、店に対する補償金はほとんど出なかった。日本では協力金制度、持続化給付金、特別融資、雇用調整助成金といったセイフティーネットで事業者と労働者が守られた。

だから日本の場合、コロナの際に店の売上げ半年分の半額を補償するなど、潰さないためのさまざまな手立てが取られたし、従業員の賃金や家賃への補助金も出た。

飲食店などは1日6万円の協力金がもらえたため、逆に儲かった飲食店も実は多かったのである。1日に1万円も売上げが取れないような10席未満の居酒屋が、1日6万円ももらえたのだから、儲からないわけがない。

しかし台湾では店に対する補償金、補助金、協力金などは全く出なかった。サービス業の小さな店が壊滅的なダメージを受けても、台湾政府が配ったのは国民1人あたり約6万円のみだった。それも3倍券と言って、1000元出すと3000元分買えるという形の給付だ。こういうことではさすがに持たない。

そして企業向けには大企業でも中小企業でも一律10万元（約45万円）を3年間無利子で融資するだけだった。

海外からは台湾は景気がいいように見える。ゼロコロナに成功し、かつGDPも増えているからだが、それはTSMCをはじめとする半導体産業の輸出が好調なだけだ。内需の側面で見ると、コロナによって台湾の景気は非常に悪化し、街角経済がかなり冷え込んでいるのである。

本来、蔡英文政権としては景気が悪ければ利下げをするというのがセオリーだっただろう。利下げによって景気上昇の効果を狙わなければならない。ところが、半導体分野が好調で、GDPも伸びているために、そういうセオリーの経済政策を打てなかった。

やはり蔡英文の弱かった部分は経済なのである。だから今回、頼清徳は総統選挙で経済分野をかなり強く謳った。コロナから台湾を復活させることを熱心に主張した。

台湾の経済が悪化しているのは当然、誰でもわかるから、頼清徳も総統選に出る100日前から1日1政策ということで、特に中小企業向けの経済政策を提示してきた。

頼清徳政権がスタートしたら、経済問題に積極的に取り組んでくれるだろうと台湾の人たちも期待はしているところだ。

一方、半導体の輸出が好調なために台湾元が上がってしまった。例えば、コンビニで売っている500ミリリットルのペットボトルのお茶は、日本では100円くらいだが、それが台湾元では25元、つまり110円くらいである。以前の台湾だったら70〜80円だった。今は台湾のほうが高くなってしまった。

つまり、通貨高によって半導体以外の内需も厳しいし輸出も厳しいというのが、今の台湾の状況である。日本の円高だった時代と一緒だ。

ただし、台湾経済もインフレの影響を受けているが、通貨高のお陰で輸入物価はあまり上がっていない。

結局、台湾の半導体が好調すぎるというのも良し悪しだろう。台湾はモノカルチャーの半導体の1本足経済になっている。韓国もGDPの3割をサムスンが稼いでいる。いわば韓国はサムスン・リパブリックである。とすると、台湾は半導体リパブリックということになるだろう。

頼清徳は蔡英文路線より1歩進んだ日台関係をつくる

新政権では総統が頼清徳で副総統は蕭美琴である。頼清徳は民進党の中でも台南出身ということでタカ派のイメージが強いのだが、今回、それを打ち消すためにタカ派的な発言は避けて選挙を戦ったのである。だから台湾独立にふれないで、現状維持を表明してきた。

しかし民進党は「もうすでに台湾は独立している」という立場なのだ。

２０１６年と２０２０年に総統選に勝った蔡英文も、台湾はすでに独立した政治形態を50年以上続けており、中華人民共和国の支配を受けたことは歴史的に１度もないとして、すでに台湾は自然独立しているとの立場を維持している。

そこでは、「自然独立しているものが、新たに独立宣言をするというのはおかしい」というロジックも成り立っている。これは聞く人によってどうとも取れるから、台湾側が取っている曖昧戦略とも言える。

この点はアメリカも日本も同じだ。しかし、従来は取ることのできる状況があった曖昧戦略が、もうどこかで取れなくなってしまう可能性もある。つまり、中国が台湾領土の金門島でもどこでもいいのだが、そこに手を出した瞬間に、この曖昧戦略は一気に三者三様に崩れ去る。

となると、アメリカは必然的に台湾独立を認める可能性が高いし、これに連動する形でイギリスをはじめNATO諸国も台湾独立を認めるだろう。

では日本はどうするのか。日本政府としてもNATO諸国が認めた以上、台湾独立を認めることになるだろう。しかし本来の関係で言えば、日本が最も早く台湾独立を承認すべき状況にある。逆に言うと、中国への抑止力となっているのも、この台湾独立というカードなのである。

その場合、アメリカは独立を認めた瞬間に、軍事協定や安保条約を台湾と結んでしまう。となると、その後、中国が台湾本島を攻撃すれば、アメリカ本土を攻撃したことと同じになる。米軍の出動要件がもうすでに台湾関係法によってある程度認められているなら、曖昧戦略の中でも、アメリカ本土を攻撃したのと同じということが明確となる。

ただし台湾領土であるにもかかわらず、金門島、馬祖列島はアメリカの台湾関係法では除外条項になっている。

金門島、馬祖列島を中国に攻撃されたことを理由に台湾が独立宣言をして、アメリカが台湾と安全保障条約を結ぶという動きが起きたとしても、金門島と馬祖列島に関しては、アメリカは手出しをしない。そのあたりが1つの落としどころとなる可能性はある。

その際は当然、香港問題を抱えるイギリスも参戦する。イギリスは新造空母のクイーンエリザベスを東シナ海、南シナ海に常駐させ、日本の佐世保を母港代わりに使ってきた。

これはやはり香港情勢を見据えた動きでもある。もしどこかで衝突が起き、中国側が敗北するという状況が生じたら、そこに参戦した国々は当然、中国から何らかの経済的利益を得ることになる。

イギリスにとってその1つは、やはり香港のイギリスへの再割譲になるのではないか。

頼清徳は蔡英文路線の継承を謳っているから、独自路線は今のところ打ち消している。副総統の蕭美琴はもともと駐米大使だからアメリカでもかなり広い人脈を持っている。日本との関係も深い。とすれば、日米との関係強化路線というのは、頼清徳のほうが蔡英文よりも強く出てくるのではないか。

私は頼清徳が日本に来たときに日本の国会議員との昼食会のアテンドをしたので、頼清徳のことを知らないわけではない。だから、蔡英文路線を取りながらも、さらに1歩進んだ形の日台関係を構築していくだろうというのが1つの推測だ。

頼清徳の外交・安全保障に関しては蕭美琴が中心となって進めるという話が出てきている。蕭美琴は、日本語はもちろん7ヵ国語をしゃべれる語学の天才である。アメリカに非常に太いパイプを持っている。蕭美琴は生まれは神戸だが、神戸で生まれただけで、その後いろいろなところを転々としている。

お父さんはキリスト教プロテスタントの牧師で、もともとは台湾の教会にいたらしいが、以後は世界各地の教会を転勤して回った。プロテスタントでは基本的にカトリックよりも保守的な思想の教会が多い。だからリベラルもカトリックより少ない。アメリカでも共和党の支持母体はプロテスタント系の福音派だ。蕭美琴はその勢力との強いパイプがあると考えられている。

余談になるが、カトリックは同性愛を禁止しているけれども、今はその点が曖昧模糊となっている。一方、プロテスタントは中絶禁止でかなり保守的という傾向がある。これはカトリックとプロテスタントという大きな区分けでの話だが。

台僑のネットワークを利用してビジネスを行う

台湾のエリート層にはアメリカ留学組や日本留学組が多い。かつて留学先は6割以上が日本だった。今は6～7割がアメリカになっている。台湾の本省人、外省人ともに、やはり華僑だが、これまで華僑と呼ばれていた人たちは中国とは違うということを強調するために、あえて「台僑」と名乗り出している。台湾の華僑ということだ。彼らは台僑のネットワークを利用してビジネスを行っている。

この台僑のネットワークは中国国内にもあるけれども、それがすべてではない。香港であったり、シンガポールであったり、アメリカであったり、さまざまな国との間でモノを動かし、モノをつくり、モノを生み出していくというのが彼らのビジネスモデルである。

中国への依存度が高いと言われている企業のフォックスコン（鴻海精密工業）ですら南米、アメリカ、インドなどさまざまな国に製造地域を広げている。中国とアメリカの関係が悪化していく中ではモノづくりを他の地域に移していくのは当然だ。

また、賃金が上昇している中で実際、軽工業を中心に中国製は減り始めている。かつてユニクロなどのTシャツもほとんどが中国製だったが、今はほとんどがバングラデシュやベトナムでつくられるようになっている。

工業発展のモデルは日本も戦後そうだったが、オモチャなどの軽工業はコストがかからなくて労働集約型ビジネスである。軽工業のコストは人件費が多く占めるから、軽工業から始まって重工業に移っていき、そして先端産業へと移っていく、白物家電から黒物家電に変わるのである。

中国の場合、短期に発展したものだから、途中の発展プロセスを経ずに組み立てという形ではあるものの、一気に黒物まで走ってしまった。

2010年ぐらいからファーウェイのスマホも携帯電話というプロセスを取らずに、直接スマホから始めているというような形だ。

ここで量産効果に加えて国が潤沢な資金を入れたので、外国からの技術をどんどん買って拡大してきた。けれども、カバンやバッグなどの軽工業はすでに中国を捨て始めている。

重工業はどうかと言うと、今問題になっているのは、中国による過剰生産だ。それに対してアメリカは関税をかけるし、アメリカの財務長官は「中国の過剰生産が世界経済にとって大きなリスクである」と言っている。

鉄を大量に消費するのはビルや住宅だ。不動産が売れないと、鉄に関しても鉄骨がいらなくなるのである。

第4章

日・米・台・中

――半導体をめぐる戦い

郵便はがき

料金受取人払郵便

牛込局承認

9026

差出有効期間
2025年8月
19日まで
切手はいりません

162-8790

東京都新宿区矢来町114番地
神楽坂高橋ビル5F

株式会社ビジネス社

愛読者係 行

ご住所 〒 TEL: ( ) FAX: ( )		
フリガナ お名前	年齢	性別 男・女
ご職業	メールアドレスまたはFAX メールまたはFAXによる新刊案内をご希望の方は、ご記入下さい。	
お買い上げ日・書店名 年 月 日	市区 町村	書店

ご購読ありがとうございました。今後の出版企画の参考に
致したいと存じますので、ぜひご意見をお聞かせください。

書籍名

お買い求めの動機

1　書店で見て　　2　新聞広告（紙名　　　　　　　　　　）

3　書評・新刊紹介（掲載紙名　　　　　　　　　　）

4　知人・同僚のすすめ　　5　上司、先生のすすめ　　6　その他

本書の装幀（カバー），デザインなどに関するご感想

1　洒落ていた　　2　めだっていた　　3　タイトルがよい

4　まあまあ　　5　よくない　　6　その他(　　　　　　　　　　)

本書の定価についてご意見をお聞かせください

1　高い　　2　安い　　3　手ごろ　　4　その他(　　　　　　　　　　)

本書についてご意見をお聞かせください

どんな出版をご希望ですか（著者、テーマなど）

中国の先端半導体製造阻止を西側諸国に求めるアメリカ

現代のモノづくりの基本になるのは、先端分野では半導体だ。半導体は、開発・設計の工場を持たないファブレスと受託生産の工場のファウンドリーによって製品化される。つまり、他のメーカーから注文を受けて半導体チップやCPUをつくるメーカーが、ファウンドリーだ。

メインプロセッサの設計会社や設計支援ソフト会社が開発・設計を行い、TSMCのようなファウンドリーが製造を担うのである。工場に置かれる半導体の製造装置は、日米欧でほぼ独占している。

だからアメリカ政府は日本、オランダ、ドイツ、韓国を含む同盟国に対して、中国による半導体技術へのアクセスを制限する措置を一段と強化するように迫っている。

それらの国々についてアメリカは、基本的に自国および同盟国で消費する半導体は、すべてその域内でつくれるようにしたい。この半導体同盟を、アメリカが西側の全ての国に対して提唱している。

バイデン政権は、国産半導体の製造能力を中国が構築するのを遅らせるため、過去2年間にわたって輸出規制を導入してきた。今回のバイデン政権の動きは、そうした輸出規制の抜け穴をふさぐことが狙いだ。

アメリカはオランダに対し、中国の顧客が購入したASMLホールディングの半導体製造装置について、同社によるサービスや修理の提供を停止させるよう求めている。韓国に対しては中国での生産を止めるように要求している。

アメリカはさらに、フォトレジストなど半導体製造に不可欠な特殊材料の対中輸出を日本企業が制限することを迫っている。フォトレジストの主要メーカーには、日本のJSRや信越化学工業が含まれる。

しかし修理や半導体製造装置に使用される予備部品に関しては、抜け穴がなお残っている。アメリカ政府は、中国のファーウェイが2023年8月に国産半導体を搭載した最新のスマホを発表したことに衝撃を受けた。

これまでアメリカは、中国の半導体開発を一定のレベルから前進させないよう取り組んできた。にもかかわらず、ファーウェイの最新のスマホに搭載された半導体は、それよりも1世代以上先に進んだ回路幅7ナノメートル（1ナノメートルは10億分の1メートル）のものだったのである。

整合性のある中国への半導体規制でなければならない

ところで、これまで半導体を生産してきた日本、アメリカ、韓国、台湾の4ヵ国はＣＨＩＰ4と呼ばれる半導体同盟である。このＣＨＩＰ4は中国への規制について足並みを揃えている。

ＣＨＩＰ4が手を組めば、中国なしでの製品開発が可能になり、中国での半導体生産がなくても西側で必要な量を確保できる。

また、ＴＳＭＣがつくっている最先端の半導体はこれまで、アップルのｉＰｈｏｎｅ生産のために中国にある工場にも供給されていた。しかしＴＳＭＣの工場がアメリカと日本に完成した時点で、そうした半導体についても、もう中国は関係がなくなる。

今でもアップルは、ｉＰｈｏｎｅの生産を中国からインドへと移しつつある。インドでの生産は２０２２年には25％まで増えたし、今後40％まで増えていくはずだ。アップルとしても前倒しで、ｉＰｈｏｎｅの生産の移転を進めている。

そのようにどんどん中国排除が進んでいくと、中国は周りの国々に対する半導体分野での影響力も発揮できなくなっていく。半導体分野に限らず先端分野では目下、外国企業は中国から離れていっている最中だ。

となると、中国は昔のように先端ではない製品しかつくれない国に逆戻りしていくだろうと考えられてきた。しかし中国は7ナノメートルの最新半導体をつくれるようになってしまった。

だからまだ規制に甘い面がある。アメリカによる中国への規制については現在、商務省のエンティティリスト、財務省が持つＳＤＮリスト（金融制裁リスト）、国防総省の人民解放軍支配企業リストなどがある。

これらはそれぞれ別の規制リストである。そのためＵＳＣＣ（米中経済安保調査委員会）レポートやアメリカ連邦議会では、「リストがバラバラだと整合性がなくなるから、１つのリストに統一すべきだ」と主張している。さらにアメリカは、リストを統一するだけではなく、同盟国や協調できる国とそのリストを共有したい。

日米の間ではすでにリストが統一されたら共有するという合意ができている。しかも日本としてはエンティティリストなら、従来通りリストがバラバラでも、新法をつくらずとも、経済産業省の省令による輸出管理で対応できる。

さらに、ＳＤＮリストの金融制裁も、ロシアに対して行ったように閣議決定でできてしまう。統一されたとしても省令や閣議決定で済むはずだ。

アメリカ国内の半導体産業を盛り上げて中国を規制する

アメリカでは2022年8月にCHIPS法が成立した。半導体業界におけるアメリカの強さを取り戻すために半導体の国内生産を推進する法律で、半導体メーカーに今後5年間で500億ドル（約7兆7000億円）が提供される。

その内訳は約3分の2にあたる280億ドルが、最先端のロジック半導体やメモリー半導体を製造するメーカーへの支援、100億ドルが既存の半導体の新たな製造能力の向上、炭化ケイ素・カーボンナノメートルチューブ材料関連の投資に用いられる。残りの110億ドルは製造工場の建設などに割り当てられる。

ただし国から補助金をもらったメーカーは中国で開発を行ってはいけない、中国に新規投資をしてはいけない、といった条件が付いている。

さらに2022年10月7日には中国向けの半導体規制もできて、最先端のみならず現行の一般的な半導体の多くも輸出できなくなった。

これは先端世代だけではなく、現行の主力世代の開発環境からもアメリカ技術の輸出が禁止されたということだ。

そのため、主力世代の半導体の設計すら許されない状態であり、半導体企業がそれに手を出せば、輸出管理の対象に指定され、モノや技術が手に入らなくなる。つまり、2014年以前の古い世代から抜け出せない。

半導体を製造する装置も中国に対して輸出できなくなった。例えばSMIC（中芯国際集成電路製造）というファウンドリーは、10〜14ナノメートルという世代の半導体を先端半導体としてつくっていた。

韓国のサムスン、台湾のTSMCという半導体メーカーは、3ナノメートル、5ナノメートルというさらに細かいものをつくっている。

SMICはサムスンやTSMCのような最先端の製造プロセスを入れたいと望んでいたが、アメリカから最先端の製造装置も止められてしまい、一応は先端半導体の製造ができないようになった。

相手との力関係に依存する中国の対応の仕方

一方、中国政府は政府調達からアメリカ製ＣＰＵやＯＳなどを排除すると発表している。これは自らを過大評価しているとしか言いようがない。

現在、中国はオープンソフトウエアであるＲＩＳＣ―Ｖの開発に余念がない。これは世界的な半導体設計会社のアームがパテントを持つＲＩＳＣ（複数の命令でプロセッサーの処理能力を高める手法）とは別系統の、ハードウエアとＯＳなどの開発環境だ。しかし、ＲＩＳＣ―Ｖも半導体製造ができなければ、絵に描いた餅になる。

現在、コンピューティングの世界は大きな変化期にあり、インテルなどのＣＰＵとの組み合わせからさまざまな機能を一体化したＳｏＣへと変化している。アップルのＭシリーズなどがその典型だ。

ＳｏＣとは、システムの動作に必要な多くの機能を実装してつくられた、１個の半導体である。スマホも、メインプロセッサとグラフィックや通信などを一体化したＳｏＣで動いている。

中国ではファーウェイ配下の半導体設計メーカーのハイシリコンが、スマホやサーバー用の独自チップの設計を進めてきた。ファーウェイはアメリカの規制対象になったものの、その開発は現在も進んでいる。アメリカの技術を用いない半導体製造を進めようとしてきているわけだ。

中国ではファーウェイのＯＢなどがベンチャーを立ち上げて、独自のファウンドリーの建設を推進してきたが、これは２０２２年の半導体規制により頓挫した状態にある。このため現在ファーウェイのＳｏＣの生産を請け負っているのは、中国最大のファウンドリーのＳＭＩＣである。

アメリカの半導体規制によりＳＭＩＣは、14ナノメートル以下の半導体生産ができなくなったはずなのだが、実際には７ナノメートル世代のＳｏＣを生産して、ファーウェイに提供している。これは明確なアメリカへの反抗だと言える。

　現在までのところ、アメリカ政府は新たな規制を行っていない。それをアメリカ連邦議会は不服としているし、ホワイトハウスも新たな規制を行う方針なのだが、いつそれが行われるのかはわからない。

　言い換えれば、半導体製造の核であるＳＭＩＣをＳＤＮリストに掲載するか、または旧世代まで含めた禁輸先に指定すれば、中国の夢は終わることになる。トランプ前政権はそれをやろうとしていた。

　中国の対応は相手との力関係に依存する。自らが相手よりも強いと見れば上手に立って約束を反故にして横暴を働き、逆に弱いと見れば、反発はしても相手に従うのである。

　そう考えると、日本や日本企業に対する中国の対応の変化もよくわかる。アメリカや中国の立場としては、中国の不動産バブル崩壊による国家の貧困化という現状をうまく利用して、徹底的に中国を追い込む必要があるだろう。

西側諸国にも中国の半導体が必要なくなる日が訪れる

そしてアメリカは、中国に対する厳しい半導体規制を、韓国やオランダ、日本に対しても求めている。

そうした中で1つのポイントになるのが、フォトレジストなど、半導体製造に必要な特殊素材の対中輸出を制限することだ。

つまり、日本製のフォトレジストとフッ化水素がなかったら、回路幅の細かい半導体はつくれない。感光剤のフォトレジストは1回使ったら終わりだから、供給し続けないといけないのである。これをアメリカは日本に求めている。

しかし韓国はインテルに騙されて？　中国のフラッシュメモリー工場を1兆数千億円で買わされた。その中国工場にフォトレジストを届けられなくなると、操業が止まって全損してしまう。

サムスンだけでなくハイニックスも、後処理というパッケージングの工程などを中国でまだ40％近くまでやっている。そうしているのは、やはり中国での需要が多いからである。メモリーを組み立ててボードに載せる。この作業は中国で行うことがいまだに多い。

今のところアメリカは、とりあえずの特例として中国での製造を許している。けれども、本来の半導体規制を適用すると、中国ではサムスンやハイニックスも、フラッシュメモリーをいっさいつくれなくなるはずだ。

その特例も、２０２４年10月に期限を迎えることになる。免許は１年ごとの更新だが、中国の場合は期限を迎えたときに完全に止まってしまう可能性が高いと指摘されている。

となると、日本のメーカーだけが中国でつくれるだろうか。

中国としては先端半導体を日本から輸入できないし、中国国内でも調達できないなら、やはり国内でつくるしかない。

だが、こうした状況でアメリカと日本のＴＳＭＣの工場が完全に動き出すと、中国の半導体企業はさらに打撃を受ける。西側諸国は中国から半導体を輸入しなくてもよくなるからだ。

しかもアメリカは、半導体製造機器や半導体関連の部材を１００％禁輸にする可能性がある。まさにかつてのココムの規制と同じだ。ココムは冷戦時代、社会主義諸国への資本主義諸国からの戦略物資や技術の輸出を統制するために設けられた機関だった。

今のところ半導体が世界的に不足しているので、西側諸国も中国の半導体を使っている。しかし西側諸国が半導体需要を自らまかなえるようになれば、中国の半導体は必要なくなる。そういう時期が来る可能性は間近に迫っている。

日本の半導体産業の強みが高く評価されてきている

中国とアメリカとのデカップリングが進むにつれて日本企業の価値が見直されてきた。それは日本の半導体企業の株価にも反映されている。日本企業がなければ半導体が製造できないことが世界的に認知されてきたのだ。

例えば韓国と問題となったフッ化水素等3素材は、それらがなければ世界の最先端半導体の製造が止まる。

純度のパーセンテージが99・999……と12個の9が並ぶトゥエルブナインという高品質のフッ化水素は日本のメーカーでしかつくれない。日本企業はそのような技術を多数保有している。

基礎的研究分野においても、新型太陽光電池、小型原子炉など、オンリーワンのものを多数持っている。日本企業が世界の工業生産の中核となっていることを、日本人は改めて見直すべきだ。

目下のところ、半導体の細分化競争の中では、台湾のＴＳＭＣと韓国のサムスンの２社のみが最先端の半導体をつくる環境を生み出している。

ただしこの2社の持つ半導体製造装置の多くは日本、オランダ、アメリカの３ヵ国からの輸入である。特にオランダのＡＳＭＬは唯一、最新の露光装置を保有している。

現状ではパテントによってガチガチに固められていることもあって、日本でＡＳＭＬの最新の露光装置に匹敵する製品をつくることは困難だ。ただ日本でも、次世代あるいは次々世代であれば、ニコンやキヤノンなどの光学メーカーが、同様の露光装置を生産することが可能になるかもしれない。

半導体生産には前工程、後工程という2つの工程がある。後工程は日本の製造機械等が圧倒的なシェアを持っている。これは検査機器などでも同様だ。

半導体の完成品以外で日本のメーカーで完全にできないものはほとんどない。オンリージャパンというのはたくさんある。つくっていないだけで、つくろうと思えばできるのである。

TSMCの工場においても導入している機械、設備、材料では日本製への依存が非常に高い。日本の技術なしには半導体をつくれない。

半導体の基盤となるシリコンウエハーでは、日本のSUMCOと信越化学工業の2社だけで世界の6割以上のシェアを握っている。しかも高品質なものに限ると、この2社のほぼ独占状態である。

日本が得意にしている物は他にもたくさんある。汎用性が高い物だと特殊ネジや精密ネジ。これらがないとスマホは組み立てられない。高精度のネジとなると、やはりほとんどが日本製だ。

あるいは、食品メーカーである味の素は、ＡＢＦフィルムという絶縁の積層フィルムをつくっている。今の半導体は、このフィルムがないと積層できないので、高性能半導体でのシェア１００％である。中国への輸出が禁止されると、中国の半導体工場は止まってしまう。

政府は経済安全保障の一貫としてオンリージャパンの技術の保護に向けてメーカーや製品のリストづくりを進めてきた。それらは保護と規制の対象として指定される。すでに対象となる分野については公表済みだ。

ただし中国も切り札を持っている。例えばフッ化水素の原料の蛍石は、６割以上が中国原産。また他のレアアースなどの生産比率も高い。だが、それは中国産が安いからであって、中国以外でも採れないわけではない。今後世界各国において、代替供給先の開発を進めることはできる。

生活基礎物質でもある半導体への日本政府による手厚い支援

米中対立がさらに激化すると、半導体不足もさらに続くことから、日本も国内への半導体回帰に必死になってきたし、アメリカもTSMCとサムスンをアリゾナ州に誘致した。日本では半導体回帰の一貫として経産省が2021年5月31日、国内への工場誘致を前提に、最先端の半導体製造技術の開発元にTSMCを選んだと発表した。さらに2021年10月9日には、TSMCとソニーが熊本に共同建設する半導体の新工場計画について大枠で合意した。

TSMCの誘致は、総投資額8000億円のうち日本政府が最大半分を補助する一大プロジェクトとなった。

TSMCは熊本の新工場で2024年の生産開始を目指していて、生産する半導体の線幅は20ナノメートルだ。20ナノメートルは汎用製品なので、TSMCの最先端チップではない。アリゾナ州に建設されるTSMC、サムスン、インテルの工場では7ナノメートル以下の最先端チップを生産する予定である。

半導体は一種の戦略物資なので各国が支援を競っているが、日本政府の半導体産業に対する支援は米欧よりも手厚く、3年間で3・9兆円だ。これはGDP比で0・71%に相当する。

アメリカの支援額は5年間7・1兆円で日本を上回る。しかしGDP比では0・21%と3分の1以下だ。ちなみにフランスは5年間で0・7兆円。GDP比0・2%、ドイツも2・5兆円で同0・41%である。

経済安全保障政策の面で言えば、生活基礎物資の国産化は、経済安保に不可欠だとアメリカも日本も言い出している。しかもそうした生活基礎物質を、国産だけでなく同盟、準同盟国でも調達しようということである。

コロナ禍のときのマスクがその典型だ。メルトブロンという不織布がある。マスクの中に入る静電気を吸収する。もともとメルトブロンを開発したのは日本だった。しかしローテクすぎて日本国内でつくると割に合わないので、いつの間にか海外に流出してしまったのだ。

マスク以外にもさまざまな生活に必要な物資をどうやって非常時に確保していくのか、お互いに供給し合っていくのか、というのが大きなポイントだ。そしてまさに今や生活基礎物資となっているのが、半導体にほかならない。

経済安保では、安倍政権の内閣参与だった加藤康子さんが重要な提言をしている。

「日本がないとつくれないもの、日本でしかつくれないオンリージャパンのものをまずピックアップし、それらの技術を海外に出さないように、盗まれないように、国産技術としてどう支援していくか考えるべきだ」

その取り組みを現在行っているのが、高市早苗衆議院議員である。

そうした考え方に基づいて、では半導体分野で日本国内にはない技術は何かと見渡したとき、必要な事項だとして日本政府が判断したのが、ＴＳＭＣ誘致ということでもあると思う。

ＴＳＭＣ新工場を通じて日台が相互に得意技術を持ち寄る

半導体関連ではシリコンウエハー、マザーマシーン、フォトレジストなど、最先端かどうかは別にして、それぞれの技術を持つ企業がすべて日本国内に揃っている。

ところが、日本企業は半導体の製造プロセスと量産化プロセスを捨ててしまった。これが日本の半導体産業における最大の問題である。

東日本大震災が起きた２０１１年3月11日に、ルネサスエレクトロニクスの那珂工場（茨城県ひたちなか市）が震災で被災してしまった。他の工場も老朽化や電力や資金問題などのために閉鎖を余儀なくされた。

これでルネサスの業績が一気に悪化し、ＣＰＵ用などのカスタム半導体を開発するコストが出せなくなった。それで、半導体の製造プロセスと量産化プロセスを完全になくしてしまったのだ。

それで最新世代への投資が止まってしまったばかりか、ルネサスの関連メーカーは、ＴＳＭＣやサムスンなど他のファウンドリーとの関係を強化していった。ルネサスの落ち込みにより、日本のファウンドリーのライセンスを維持できないようになった。日本の半導体の復活というのは、それらを日本に取り戻すことにほかならない。

だから、まずＴＳＭＣの日本の新工場にはそれを補う意義がある。ＴＳＭＣやサムスンに半導体の部品や素材を納入している日本の周辺企業はもともと好調だ。ＴＳＭＣの新工場ができれば、国内の需要が増えて日本の周辺企業もさらに元気になる。

ＴＳＭＣの新工場では最先端チップは生産しない。それにもかかわらず、日本への技術面でのプラスはあるのかと言うと、実は大いにあるのだ。というのは、この新工場には日本側の半導体素材、装置メーカーも協力するため、新工場を通じて日台が相互に得意技術を持ち寄る形になるからである。

台湾のＴＳＭＣが熊本に新しい工場を建てることを決めたのは２０２１年11月だった。

約1兆円を投入する工場の建設は順調に進み、そして2024年2月24日、熊本県菊陽町《きくようまち》でTSMCの第1工場開所式が行われた。

製品の初出荷は2024年12月の予定だ。日本政府もこの工場に最大4760億円を助成する。

2027年には第2工場も建設されることになっている。日本政府は半導体の確保に向け、結局、TSMCの熊本第1・第2工場に最大1兆2080億円を補助するのである。

なぜ日本政府は巨額の補助金でTSMCを支援するのか

なおアメリカについて言えば、CHIPS法によってアメリカ国内の全消費量の5分の1をアメリカ国内でつくることを目標にしている。

日本でも国内で使用する半導体は、基本的に国内でつくれる体制にしたい。だから日本政府は、ラピダスやキオクシアを支援している。マイクロンもアメリカの会社だが、エルピーダーを買ったので支援している。

日本人の税金だから本来なら日本企業だけに投入するのがベストかもしれない。けれども、資本の問題で言えばWTOの内外無差別の条項もあるので、日本企業だけにそういう補助金を与えるのは国際法的にもできない。

このWTOの国際的なルールに加えて、ファウンドリー技術を持っていないという今の日本の置かれている立場からしても、日本企業だけに補助金を出すというのは、現実的ではない。

そもそもTSMCが日本に来なくてもいいのかと言うと、それではやはり困る。TSMCが来れば、何より国内の半導体産業が活性化する。アメリカやドイツも同じ理由から、国内にTSMC工場を誘致したのである。

日本に半導体のファウンドリーをつくることにより、製品化までのリードタイムを短縮でき、メーカーとの連動性を高められるというメリットがある。それに伴って周辺に多くの関連工場もできる。単にファウンドリーだけの話では終わらないのだ。先端の製品だから、経済安保上も重要である。

もちろん日本政府がＴＳＭＣに投資するのは、日本に組み上げ技術がないことも大きい。現状、日本にはファウンドリーがないのだから、日本に半導体を戻そうと思ったらＴＳＭＣかサムスンと組むしかない。組まないでおいて半導体をつくれないと言い訳することはできない。

日本には各パーツをつくる技術はあるが、実際にそれを製品化する技術についてはＴＳＭＣが最も多くのノウハウを持っている。今のところその点で日本企業はＴＳＭＣにはとても及ばない。北海道に工場をつくるラピダスも、工場が稼働するのは２０２７年予定でありまだ先である。

日本企業が得意なのは基本的に製造設備、製造機械、基礎的材料だ。半導体設計や機材を組み上げて生産まで持ち込むノウハウは未知数である。現状では、先端半導体生産の組み上げのノウハウを持っていないので、確実に実現できるＴＳＭＣと組むのが得策となる。同様の観点から、アメリカもドイツもＴＳＭＣと組んでいる。

しかもTSMCが稼働することによって、結果的に日本の部材、日本の素材が売れ続ける。例えば、かつて韓国サムスンを鵜飼の鵜と呼んでいたが、サムスンに技術と資金を提供して、それでサムスンがモノをつくればつくるほど、日本企業は儲かる仕組みになっていたのだ。その点ではTSMCに関しても同じである。

ただしTSMCの第1工場でつくる半導体は、20／24ナノメートルの世代のものなので、ほとんどが自動車用や一般的な制御機器用の半導体だ。スマホ用などの最新の半導体ではない。

しかし自動車用半導体は日本でもルネサスで生産しているが、全く足りない状態が続いているので、これも供給しなくてはいけない。だからTSMCの第1工場は不可欠だ。

次の第2工場はもっと先端の7ナノメートル以下の半導体を製造することになる可能性が高いと言われている。

ファウンドリーの全工程を1カ所に揃えたほうが効率がいい

ただしTSMCの日本工場は、今はまだ前工程だけだ。TSMCについてはやはり後工程の会社をどうするかという話がある。

この後工程というのは日本がいちばん得意とする分野で、後工程の機械はほとんどが日本製の素材メーカーのものだ。例えばサムスンも後工程の分野はほとんど自分たちではできないということで、日本に開発拠点をつくることになった。それに日本政府は200億円を支援している。

TSMCの場合、ファウンドリーのエッチングの前工程の工場をつくって、その周辺に台湾から関連企業を日本に持ってこようとしている。そうしないと、TSMCだけ来ても日本で工程はうまく稼働しないからだ。

だが、日本の前工程でつくった製品を輸出して、台湾の後工程に回し、その後、日本に再び輸入するというのは二重、三重の手間がかかる。

とすれば日本で前工程から後工程までを一貫して行ったほうが効率がいいし、コストも下がるわけだ。まともな経営者であれば、前工程と後工程の場所を分けて、わざわざコストがかかるようなことをやるべきではない。

これまで、ＴＳＭＣのサプライチェーンに関わる日本のメーカーは、台湾に行ってＴＳＭＣの近くに事務所を設け、非常時にメンテナンスできる体制を組んでいた。だから、それを同じように日本につくればいい。日本国内だったら移動がしやすい。それはＴＳＭＣにとっても大きなメリットになる。

したがって将来的には、ＴＳＭＣは日本でも半導体の全工程ができるようにするということなのである。ＴＳＭＣとしても、そうでないと意味がない。

また、全工程にはメンテナンスも含まれる。台湾に中華電信という会社がある。ここは大規模な工業団地を組成して、そこに後工程のＴＳＭＣ関連企業等を入れて、メンテナンスができるような体制をつくろうとしている。

日本の場合も事情は同じだ。基本的に半導体メーカーの周辺には、その機材のメンテナンスのために世界各地からいろいろな企業が進出し、常にメンテナンス要員を確保するようにしている。

24時間動く半導体は非常に繊細なもので、1回の故障が大きな損失を招いてしまう。器具のメンテナンス要員が近くにいるのが当然だ。これらの駐在員も、日本国内であれば容易に動かすことができる。これもTSMCにとって大きなメリットと言える。

もっとも、熊本も手狭になってきたので、すでにメンテナンスのスペースをどこか他の場所に置くか、という話も出てきている。メンテナンスまで含めて考えないと、日本国内で全工程をつくることができない。

熊本や九州はこれからも半導体でかなり発展していくだろう。九州で今、半導体関連の話が出ているのが18ヵ所ある。そこにはこれから、半導体関連だけではなくて半導体を使用する機材メーカーなども出てくると思う。だからソニーもCMOSの工場を九州につくる予定だ。

日本との関係が深まれば中国と疎遠になる台湾企業

ＴＳＭＣが熊本に工場をつくると言うと、ＴＳＭＣだけが来ると思っている日本人が少なくない。しかし当然、ＴＳＭＣにサプライしている台湾企業もやって来る。日本企業だけではない。

そのような企業が多数日本に来るのだから、これからどんどん、日台のビジネス関係が深まる。と同時に、台湾と中国との関係は薄れていくということになるだろう。

台湾企業については、中国からの撤退で日本とのつながりが深くなるという流れが生まれている。台湾企業にしても中国と、日本やアメリカなど西側諸国の両方を、同時には選べないからだ。

もしアメリカで再びトランプ大統領が登場した場合、アメリカ連邦議会がこれまで強く求めてきた半導体規制のさらなる強化も一気に進む。となると台湾企業も中国に先端半導体を売りたくても売ることができなくなる。

そして先端半導体がないと中国で最先端技術の製品はつくれないから、台湾企業としても中国と付き合う意味はなくなる。

まして台湾には、中国から逃げてきた第1世代の人たちはもういなくなっているのだ。台湾ではすでに世代が大きく変わってきている。

一応、国民党はいまだに中国本土に戻ることを党是としているが、一方でこれまではやはり中国と付き合うと金儲けができるという判断もあった。中国で金儲けができなくなるなら、国民党としても本音では中国にこだわる必要はなくなるだろう。

なおアメリカは、国内で使用する半導体の5分の1を内製化するという目標も掲げている。日本の場合もそれがほぼ目標となっている。内製化できる半導体が増えていけば、国内需要を超える分は輸出に回るはずだ。

TSMCの場合も、日本で生産した半導体が日本国内で消費する分を超えたら、当然、輸出に向けられることになる。

ＴＳＭＣが日本進出で熊本に工場を建てた理由

ＴＳＭＣが日本に工場を建てるのは、中国による台湾有事に備えてという見方が出ている。しかし理由はそれだけではない。台湾では、半導体製造に不可欠な水と電気の不足への懸念が生じているからだ。

熊本ならきれいな水が豊富だし、電気についても九州電力管内では原子力発電所が稼働しているので、電気供給および電気料金高騰の心配が少ない。

まず水については、台湾では２０２０年に台風が１つも上陸しなかったため、２０２１年は主要ダムの貯水率が軒並み低下して水不足になり、ＴＳＭＣも危うく操業停止に追い込まれるところだった。

ＴＳＭＣは節水や水再生の技術力向上に力を入れてきたのだが、それでも水が足りなくなり、生産を維持するために給水車を準備したり、建設用地の地下水の無償提供を受けたりして、何とか水を調達したのだった。

台湾ではまた同じ事態にならないとも限らない。水不足は半導体メーカーにとって死活問題なのである。やはり安定的な生産のためには十分な水が必要だ。その点でも熊本は日本では最適の場所だった。

熊本は日本の大都市で唯一、地下水で水道をまかなっている。それほど潤沢な水量があり、かつ水質もいい。

半導体というのは不純物が多い水は使えない。不純物が多いと、半導体で使用する前に水をクリーニングしなければいけないのである。となるとよけいな工程が必要になり、そのコストもかかってしまう。きれいな水が大量に確保できれば、半導体生産の工程数も少なくて済むのである。

また、半導体の生産には大量の電気も必要だ。電気が安価なところでしか工場をつくれない。それを理解しないで「原発再開反対」と言っている人々は、日本の発展を明らかに阻害し、日本人に負担をかけている。半導体のシリコンウエハーのいちばんの問題も、生産に電気をものすごく使うことである。

台湾のＴＳＭＣ工場の場合、電力使用量は２０２２年時点で台湾の総電力需要の６％を占め、２０２８年には13％にまで増加すると予測されている。となると、他の電気需要もあるので、全体としては停電の危機にもさらされる。

その点、熊本なら原発が再稼働している九州管内だから、電力供給が不足する心配も少ないし、電気料金も安いのである。

また関西電力でも原発が稼働しているので、関西電力管内も外国企業の工場誘致では有利になるはずだ。

なお、ＴＳＭＣが熊本に進出してきたもう１つの理由は、やはり光半導体技術を手がけたいからだ。ＮＴＴが光半導体という新しい半導体技術の開発に成功している。だから、日本企業と連携を深めていかなければ、光半導体技術の面で取り残されてしまうという危機感があった。

光半導体と量子コンピューターの２分野では日本が先頭を走っており、その中核的な製造技術を持っている。ソフトウエアや国際マーケットを視野に入れると、日本はアメリカに太刀打ちできず、半導体製造のノウハウでもＴＳＭＣにかなわないが、半導体の最新技術をうまく組み合わせると世界を主導できるのである。

サムスンではなくＴＳＭＣを誘致したのは必然的なこと

現在、世界中で半導体が足りない。だからアメリカも日本も中国に対して我慢しているのだ。それがＴＳＭＣという、実際にモノづくりができる企業が日本に来て、熊本工場のローンチがうまくいったので、世界的な半導体不足下においても、日本国内の自動車用半導体に関してはＴＳＭＣで補える、という見込みが立ってくる。

今後、アメリカでも日本でも、国内で必要とする半導体を調達できるようになるだろう。アメリカは半導体規制を強化しながら徐々に中国の首を絞めていくやり方をしているが、さらに厳しい半導体規制を加えていけば、いずれ中国は半導体を全くつくれなくなってしまうに違いない。

一方、TSMCが日本、アメリカ、ドイツに工場を進出させていくと、海外に技術が移転していく可能性も高い。だから実際に台湾国内でも技術移転を警戒しなくてもいいのかという議論はある。

つまり、高付加価値のシリコンアイランドとして成立している台湾にとって、宝物であるTSMCの技術が海外に持ち出されてしまうと、台湾の国際的地位が落ちるのではないかと心配しているのだ。

台湾側のそのような懸念もわかるけれども、世界的な半導体不足が起きたら、世界中が困るのは間違いない。TSMCとしてもリスクヘッジしておかないと、もし台湾有事などが起こったときには非常に困るはずだ。だから、やはり日本、アメリカ、ドイツの3ヵ国に新製造拠点をつくっておくというのはTSMCの事業存続にとっても不可欠なことではないだろうか。

いずれにしても目下、ファウンドリーで先端技術を持っているのはTSMCと1～2歩遅れてサムスンの2社しかない。アメリカのインテルはかつて半導体製造で世界トップを誇っていたものの、14ナノメートル世代で脱落してしまった。

半導体の設計についてては、アメリカのインテルができるし、エヌビディアもできるのだけれども、実際の先端半導体の製造ができない。エヌビディアの半導体を受託生産しているのがTSMCとサムスンだ。

以前、アップルのiPhone用半導体はTSMCとサムスンと両方がつくった。あまり公開されていないが、消費電力はTSMCのほうが3割ぐらいよかったのだった。しかも歩留まりとコストの点でも、TSMCのほうが何倍も優位性が高い。

その点では先端半導体はもうTSMC一択の形になっている。日本としてもどちらかと組むのならサムスンよりもTSMCのほうがいいわけで、熊本にTSMCを引き込んだのは必然的なことなのである。

IBMからの技術提供で先端の2ナノ半導体を生産する

2027年の次世代半導体の量産を1つの目標に掲げて、2022年11月に次世代半導体の国産プロジェクトであるラピダスが動き出すことになった。

このとき、トヨタ自動車、NTT、ソニー、NEC、ソフトバンク、デンソー、キオクシア、三菱UFJ銀行の8社が合計73億円を出資し、日本政府も700億円の補助金を出すことになった。ラピダスの設備投資は10年間で5兆円を超えるという計画だ。

ラピダスが生産する次世代半導体は、AIや自動運転の頭脳となる。半導体は回路線幅が小さいほど高性能だから、ラピダスは2027年に2ナノメートルの製品の国産化を目指している。

2025年には2ナノメートルの製品も量産できるようにする計画だが、3ナノメートルの製品の量産技術をすでに確立しているTSMCとサムスンに、できるだけ早く追い付けるようにしなければならない。

そのためにラピダスはアメリカのＩＢＭと提携することになった。ＩＢＭは２０１５年に半導体製造から撤退したものの、先端半導体の研究開発は続けていて、２ナノメートルの製品の試作に成功した。ラピダスはＩＢＭからその技術の提供を受けて、２ナノメートルの量産技術の確立を目指している。

今のところラピダスの工場はまだ稼働していない。だから、ものすごく高い技術的水準にいきなり挑戦するような感じである。しかしラピダス自身は半導体の製造装置メーカーなどと手を組んでいるので、そういう面から2ナノメートルは可能であると判断しているのである。

特に精細化技術に関しては、今までオランダのＡＳＭＬの特殊な新紫外線しか細かい線形が出せなかったものの、キヤノンのスタンプ方式、つまり、いわゆるシャチハタ方式なら10分の1以下のコストになる。これで7ナノメートルの生産は実動実験で成功しているから、ラピダスも2ナノメートルに成功できるのではないだろうか。

ただし北海道については、泊原子力発電所の再稼働を急がねばならない。そうでないと電力供給が不十分になるので、必要に応じて火力発電所も設置しなければいけなくなる。結果、コスト面の問題が出てきてしまうというのが今の1つの課題だ。

光半導体が起こす産業革命に向けてのラピダスの役割

とはいえラピダスの目指す先は、単に2ナノメートルの半導体をつくることではない。最終目標地点は別のところにある。NTTのIOWN計画の中に光半導体があり、その光半導体を組み立てるというところに、ラピダスも含まれているのだ。

実際、ラピダスの協力メーカーとIOWN計画の協力メーカーは、ほぼ一緒なのである。だから、IOWNに行くまでの間のプロセスとして、まずは実験的工場でラピダスが先端ファウンドリーをつくる。

光半導体では完全に産業革命が起きるから、それまでの組み上げ体制をローンチしておくというのが、ラピダスのもう1つの重要な目標なのである。

経済安保の観点からも、日本メーカーが国産技術のみで手を組んで生産すると、必然的に半導体不足にはならない。それは中国からの半導体輸入が止まっても問題が起きないという点では非常に有効である。

だが、IOWNに行くまでの間に、まずは日本のメーカー同士が手を組んで連携し、動かすための基本的なルールや実際のモノづくりを通じて製品を組み上げていく必要がある。そうしないと、突然IOWNで光半導体をつくるということでメーカーを集めても、うまくいくはずがない。

それまでの間のプロセスとしては、ラピダスによってメーカーを組み上げていくことが必要だ。もともとIOWNはいろいろなメーカーが合従連衡して協力してやるための1つの道筋なのである。

ラピダス支援の面では経産省が2024年4月2日に、2024年度にはラピダスに対して最大5900億円を補助すると発表した。累計で最大9200億円となるラピダスへの支援額は、TSMCの熊本第1工場と第2工場を合わせた約1兆2000億円に次ぐ規模となる。

経産省はこれまでに半導体の回路をつくるための前工程に、最大3300億円の補助を表明していた。ラピダスは2025年4月に試作ラインを稼働させて、27年から2ナノメートルの最先端半導体を量産する計画であり、新たに支援する最大5900億円のうち535億円が前工程で、535億円は組み立てなどの「後工程」に初めて支援するものだ。ラピダスの目論見では、2027年の量産開始までに5兆円の資金が必要だ。国から24年度までに累計で最大9200億円を受けるだけでなく、追加の資金調達も欠かせないだろう。

IOWNは電子処理を光に置き換える光電融合技術

通信は自動運転やAIなどの要だ。しかし高速かつ低消費電力の通信チップがないと、それらは進歩しない。トヨタやＮＴＴなどが参加するラピダスのコアにもＩＯＷＮがあり、自動運転とＡＩの半導体でも通信が中核となる。光半導体の開発に成功したＮＴＴが主導する次世代通信基盤のＩＯＷＮは、光通信技術で通信網を築く構想だ。機器や半導体の内部のデータのやり取りを光で完結させ、高速化と低電力化の飛躍的な進歩を目指している。すなわち、少ない電力で大量のデータをやりとりするのが、ＩＯＷＮの要の技術となる。

ＩＯＷＮは情報を電気信号に置き換えずに送信できるので、大幅な消費電力削減もできる。目標とする２０３０年度ごろに実用化できればデータ転送容量は現在の１２５倍、伝送の遅延は２００分の１、消費電力は１００分の１程度になる。

光技術を駆使することで大容量、高品質、低消費電力、低遅延といった情報処理・通信基盤技術が実現する。そこでは電子処理を光に置き換える光電融合技術が基盤となる。

現在、通信の世界では５Ｇが使われるようになっているが、２０２５年までの５・５Ｇという規格の実現も進んでおり、それは６Ｇの開発へとつながっていく。６Ｇは２０３０年ごろの普及が予想されており、５Ｇの１００倍以上の速度になる。

経産省は２０２４年1月30日に、ＮＴＴなどが取り組む次世代半導体開発に最大４５２億円を補助すると発表した。

当初、ＩＯＷＮではインテル、ＮＴＴ、ソニーが設立メンバーを担い、スポンサー企業にアクセンチュア、中華電信、シエナ、シスコ、デル、デルタ、エリクソン、富士通、古河電気、ヒューレット・パッカード、キオクシア、マイクロソフト、三菱電機、みずほＦＧ、三菱ＵＦＪ銀行、ＮＥＣ、情報通信研究機構、ノキア、オラクル、オレンジ、ＰｗＣ、レッドハット、サムスン、住友電気工業、トヨタ、ＶＭｗａｒｅ、緯創資通の27社が名を連ねた。このほか一般メンバー企業は数十社ある。

ＩＯＷＮにはセキュリティも包括されていてサイバー防御もできるので、国家安全保障戦略としてＩＯＷＮでサイバー防御を行う、という方向性も打ち出されている。

ただしそれは日本企業だけでは無理であり、外国企業の協力も不可欠だ。

例えばパソコンのＯＳではマイクロソフトなど外国のソフトを使っているため、ＯＳレベルの脆弱性に対応できるソフトウエア会社は日本にはない。だからＩＯＷＮにはアメリカのアクセンチュアやシスコなどセキュリティ企業も参加している。

サイバー防御については、「日本国憲法21条の通信の秘密に反する」と主張する新聞もあるが、通信の秘密と通信の漏洩は裏腹だ。通信の秘密を犯してはならないからこそ、その防御をしなければならないのだ。

防衛省もＩＯＷＮを高度な通信機能が不可欠な現代戦のインフラになると想定していて、実用前の試験運用の段階から関与して国防に取り入れる方針だ。

従来より効率よく通信ができるため、無人機など電力消費の大きな装備を大規模に展開でき、電磁波の利用やサイバー防御もしやすくなる。

なお、大きな壁となるのが量産技術の開発やコスト競争力の確保なので、壁を超えるためには設計や製造委託先などと強固な供給網も築かなければならない。

ＮＴＴが国際標準化を狙って２０２０年に立ち上げた国際団体には、１３８の企業・団体が参加しており、その半分は日本勢が占めている。今後、裾野を海外に広げなければならないから、さらに多くの外国企業も取り込んでいく必要があるだろう。

第5章

習近平一強体制の異常さ

新最高指導部の顔ぶれから見る習政権の危うい今後

ここまで、日本と台湾、アメリカの連携強化の動きを見てきた。そしてその反面で進む、中国に対する規制強化、封じ込めの戦略についても論じてきた。

このような東アジア情勢の大きな変化に対して、中国はこれからどう動こうとしているのか？

2024年3月5日に開幕した全国人民代表大会では、中国共産党が中国政府である国務院へのコントロールを一段と強めることが明確になった。つまり「習近平一強体制」がさらに推進されたといえるのである。その影響から読み解いていきたい。

中華人民共和国は建国以来、中国政府の上に中国共産党があるという組織構造は変わらない。

ただし中国共産党においては、毛沢東という、独裁権力を振るって大躍進政策や文革（文化大革命）で中国国民を苦しめた指導者以後、そのような個人独裁は危険だと考えられた。そこで、集団指導体制に変わったのだった。集団指導体制は、鄧小平による改革開放路線の一環でもあった。

ところが、習近平は2012年に総書記に就任した後に、集団指導体制を否定し始め、「社会主義、共産主義に再び戻して世界一の国家になるのが中国の夢である」とも言った。それは非合理的な考え方なので、当時は誰も信じていなかった。

今や彼は、中国共産党の集団指導体制を自分の個人独裁体制へと変えてしまい、中国の夢を追求している。個人独裁体制が完成したのが、2022年10月に行われた第20回中国共産党大会だった。

5年に1度の党大会は党の指導体制や基本方針を決める最高意思決定機関で、党員約9500万人のうち約2300人が代表として出席する。

約200人の中央委員と約150人の中央委員候補が選ばれ、さらに中央委員による中央委員会も開かれて、政治局員25人と最高指導部である常務委員会の常務委員7人が選出される。

常務委員は政治局員の中から選ばれるのだが、常務委員のトップが総書記なので、中国では党および国家の最高指導者が総書記ということになる。

けれども党大会や中央委員会での選出はあくまでも建前であった。それ以前に具体的な人事は内定している。最高指導部の人事は全て権力闘争の結果だ。

第20回党大会で、習近平は総書記続投を果たすとともに対立派閥の共青団（共産主義青年団）の最高幹部を指導部から一掃することにも成功した。自らの個人独裁体制を完成させたのである。

また、この党大会前まで25人の政治局員の1人だった胡春華は将来の最高指導者だと目されることもあったのだが、今回、共青団に近いために排除された。それで政治局員は25人ではなく24人となったのだ。この24人の政治局員はほぼ習近平のイエスマンである。

中国共産党には大きな2つの派閥があった。太子党と共青団である。

太子党は中国共産党の高級幹部の子弟等で特権的地位にいる者のことで、能力や実力とは関係のない親の七光りで優遇されてきた。ただし習近平は太子党の人材を特に優遇しているわけではない。

共青団のほうは広い中国全土にあって、それぞれ支部から優秀な人材が選抜されるということになっている。これまで中国共産党のエリート組織だった、北京を中心とした役人たちのグループでもあったのが、今や完全に排除されてしまった。

ところで、中国で今流行っている伝染病は心臓麻痺だと言われている。しかも共青団の人だけがかかる。この2年間で共青団では五十数人も心臓麻痺で死んでいる。前首相の李克強も2023年10月に突然、心臓麻痺で死んだ。

中国で経済がわかるとされてきたのは共青団の人材だった。国際社会との対話の窓口であり、さまざまな経済政策を練り上げてきた集団でもある。

亡くなった前首相の李克強もグローバリストで国際的なエコノミストでもあった。共青団が排除されたため、経済がわかる人材もいなくなったと同時に、マルクス経済への回帰が進むことになる。

中国ではもうすでに自由主義、市場主義に基づく経済政策ができない状況にも陥っていると考えられる。

1人の指導者による国家の支配こそが成功の原動力

中国共産党大会は5年に1回だけなので、その間に重要な問題を話し合うために中央委員会全体会議が開かれる。

中全会とも呼ばれるこの会議は近年、5年間にほぼ7回開かれ、何回目の中全会であるかを表す回数が頭に付けられることになっている。

党大会閉幕の翌日に開かれるのが1中全会で、これで次期の共産党指導部が選出される。翌年の春には、国会に相当する全人代（全国人民代表大会）の前に2中全会が開かれて国家機構の人事が議論される。

この後の中全会は次の党大会前年まで1年に1回ずつ通常は秋に3中全会から7中全会

まで開催される。

中央委員会を構成するのは約200人の中央委員と約160人の中央委員候補だ。ただし中央委員は議事の採択に参加できるが、中央委員候補にはその権利がない。中央委員会は会社で言えば部課長級を集めた組織と考えればいいだろう。

これまで中全会では政策を練り上げるため議論が行われてきたとされる。ところが、習近平の個人独裁が完成した後、きちんとした部課長級会議が行われなくなっている。

従来、中全会の後には政治工作会議や経済工作会議なども開かれて具体案の詰めが行われてきた。現在はこれらの会議も実施されていない。

全人代はお披露目会にすぎないが、中国の政治形態は会社とよく似ている。全人代も会社で言えば、いわゆるシャンシャン総会のようなものである。

2024年3月5日に開幕した全人代もシャンシャン総会だったのだが、今回の大きな特徴は、中国共産党が中国政府である国務院へのコントロールを一段と強める「国務院組織法」改正案が可決されたことだ。国務院組織法の改正は1982年以来初めてである。

現在、李強首相が率いている国務院は名目上、行政機関21省と地方政府を監督している。以前の集団指導体制の下ではむしろ行政権限を国務院に移してきていたのだが、ここ数年で逆に権限の縮小が進んできている。

国務院組織法は国務院の行政権限を奪って党が直接コントロールする仕組みに改変するもので、しかもこの法律には「(国務院は)党中央の権威と集中統一指導を断固として堅持」という条文が追加されている。習近平の思想に従うことが強調されたのだった。

通常なら「1人の指導者が巨大な国家を支配する」のは不可能に近い。だが、個人独裁体制の下ではそれが成立することになっているのだろう。

とはいえ、1人の指導者による支配がうまくいくとは限らない。まさに毛沢東がたどった道であって、大躍進政策と文革がその失敗を象徴している。一方、毛沢東の個人独裁を肯定している習近平には、1人の指導者による国家の支配こそが成功の原動力に思えるのかもしれない。

中国は国際的なルールとマナーが守れない

今回の全人代では初めて首相による記者会見も省かれた。中国の首相も李克強前首相の時代にはまだ存在感があったが、今の李強首相には何の権限もない。

２０２３年に入って王毅に代わって外相になった秦剛は知米派で、アメリカを中心とした太い外交パイプを持っていた。

ところが、秦剛の愛人がアメリカのスパイだったという話が出てきて、もともと秦剛は習近平の側近だったはずなのに２０２３年の夏に失脚してしまった。

秦剛の外相解任によって政治局員の王毅が外相に返り咲いて外交をカバーするような形になっている。

王毅に実際にどこまで交渉能力があるのか。一方、王毅は日本語もしゃべれる日本派なので日本の政治家とのパイプは強いものの、アメリカの要人との関係は薄い。米中関係の改善のために尽力することはできないだろう。

とはいえ習近平はもう独裁者になってしまった。ロシアとの関係ではプーチンと話さないと何も進まないのと同様に、中国との関係でも習近平と話さないと何も決まらないと思う。

それでもロシアにはプーチンと二人三脚のパブロフ外相がいるからまだマシだけれども、王毅だと力不足だ。むしろ王毅は習近平の下僕のような立場で、言われたことをそのままやるというだけである。

また、中国の外交ではこれまでも、外国との人的な交流の面とは別に「戦狼外交」にも問題があった。戦狼外交を始めたのも習近平体制になってからである。

「戦狼」とは、中国人民解放軍特殊部隊出身の主人公がアフリカの某国を舞台に反政府側のテロリストと戦うという2017年に公開された中国映画のタイトルだ。この映画にちなんで戦狼外交は中国の外交官たちが外国の反中勢力と戦うことを意味する。

それで中国の外交スタイルは攻撃的になり、中国の外交官は外国からの批判に対して倍返しのようなきつく乱暴な言葉で切り返すようになった。

だから戦狼外交によって中国は世界中を敵に回してしまったのだ。中国としては戦狼外交を正しいと思っている。西側社会は、そうした価値観の違いが非常に大きいから、中国は国際的なルールとマナーが守れない野蛮人だと見ている。

中国でも共青団のメンバーはそれがわかっていて戦狼外交の危うさを感じているのだが、反対するような動きを起こすと自分たちも習近平に睨まれるから見ないふりをしている。その裏返して、習近平は裸の王様だとも言われている。

付言すると、中国は非常に歪んだ国で、中国人も超個人主義だから、助け合うというのもせいぜい家族までに限られる。反面、組織や団体という概念が薄い。それで習近平のような独裁者が生まれてくるのかもしれない。

中国では会社のあり方も同じだ。日本の企業ではサラリーマン社長が中心だが、中国でも台湾でも企業にはオーナーがいる。カリスマが指示を出して、命令一下動いていくのが中国や中華系社会の1つの形なのである。

ただし今の中国では、アリババのジャック・マーをはじめ企業のオーナーたちはみんな次々に粛清されている。中国恒大集団のトップも逮捕された。

企業のカリスマオーナーは今、順次捕まっているのだ。カリスマオーナーが粛清によって、ある日突然いなくなっても、中国だと国民はみんな知らないから、大騒ぎにはならない。

再び貧しい中国を生み出す習近平の文革2・0

中国が改革開放に移行する前の毛沢東独裁体制には、日本人も含めて国際社会の大半の人たちは否定的な見方をしている。毛沢東が推進した大躍進政策や文革は失敗だったと評価しているからだ。

ところが、習近平体制になってから、「大躍進政策や文革は成功である」とすり替えられた。習近平は毛沢東を信奉し、毛沢東が行ったようなことを現在、確実に進めようとしている。すなわち、「文革2・0」である。

中国の輝かしい30年間は改革開放によって始まった。自由化の波の中でグローバリズムのおいしいところ取りをしてきた。改革開放を捨てるとすれば、結果的に再び貧しい中国に戻っていかざるを得ないだろう。

文革2・0では次のような政策が実施されている。

・民間有料教育禁止
・国定教科書制定と習近平礼賛副読本配布と愛国教育の徹底
・マルクス教育の義務化
・供銷社（供銷合作社）復活、物品と住宅の配給開始、住宅の一部国有化
・ロックダウン（実験完了）
・スカイネットによる完全個人管理
・デジタル人民元（実験完了）
・密告制度の復活

以上について、少し補足説明をしたい。

まず民間教育の禁止とは民間の有償教育の禁止である。中国では新富裕層のエリートを中心にインターネットを通じた教育が非常に盛んであった。

特に地方でもどこでも高いレベルの教育を受けられるネット教育はきわめて有効な手段で、英語など外国語を学ぶのにも非常に有利だった。外国人と直接対話し、インターネットで英語なども用いられていた。

これを習近平は完全に禁止したのである。その結果、約2兆円と言われる民間教育市場は瓦解した。もう自由な教育は行われない形になった。

国定教科書については、中国では省ごとに定められていた教科書を国定教科書という形で一本化し、その内容に関しても資本主義、自由主義などを否定してマルクス経済、計画経済への回帰を謳うような内容となっている。

併せて習近平の個人礼賛副読本も配布して、それによる教育の徹底を図っているのだが、2024年1月1日からは同様に、学校のみならず企業などの教育現場でも徹底するように命じた。

公務員に関してはマルクス教育を義務化し、マルクス経済学を教え込むという作業も始めている。

供銷社とは一種の生協的な仕組みだ。かつては人民公社と呼ばれた時代も長かったわけで、供銷社はその復活だ。供銷社がさまざまな物品の配給およびサービスを引き受ける形になっている。

住宅についてもバブル崩壊によって余った不動産などを地方政府などが買い取り、供銷社を通じて安価な住宅供給も開始する。

供銷社が扱う規模は約160兆円とも言われており、特にコロナによって社会インフラが崩壊した上海などでは供銷社が非常に大きな役割を果たすことになる。

巨大都市である、その上海では3ヵ月のロックダウンが行われた。これは経済的にも科学的にも非常に不合理なものだったので、なぜそれが行われたのかはよくわからない。

PCR検査が毎日行われ、これで陽性者が出た場合、マンションから1歩も出られないなど、上海市民は完全な軟禁状態に置かれた。言い換えれば、それは３００万人もの人たちを軟禁状態にして、どこまでコントロールできるかという一種の社会実験であったという見方もできる。

また、上海は中国一の文化都市でもある。香港上海銀行に代表されるように、かつて租界があった上海はもともと国際都市で、文化的にも中国では異質な要素を持っている開かれた都市だった。ロックダウンはそのような都市を嫌った習近平による政治的な弾圧ではないかという考察もある。

中国国民の動向を監視しているスカイネット

ウイグルで完備された仕組みである中国の個人監視システムを、スカイネットと呼ぶ。スカイネットでは、携帯電話の通信、声、文字をＡＩによって分析し、中国当局に不都合な情報が入っていないかをチェックする。

ＧＰＳによって誰がどこにいるかもチェックでき、顔認証や指紋認証によって本人の特定もできる。そのような状況の中で、街角にある監視カメラ等を利用して、個人の行動を完全にコントロール、管理する仕組みができ上がっているのである。

スカイネットと連動するものに個人信用システムもある。これは個人の資産、学歴、職業など全てが一体化されたデータベースとなっており、しかも評点が付けられている。

評点がマイナスになるとブラックリスト入りする。そうなった人間は高速鉄道や航空機の利用など移動に制限がかかるだけでなく、各種の契約行為、すなわち携帯電話やローン契約等ができなくなる。これは中国においては公民権停止以上の社会的な死を意味するのである。

この個人情報の評点には思想も含まれているので、スカイネットと連動する形で反社会的分子を割り出すこともできる。

評点は学歴、職種、所得、資産などによって点数が違う。日本でもクレジットカードを持ったり住宅ローンを組んだりするときなどは、所得や年齢などに基づいて評点が付けられる。中国では、それに詳細な個人情報が加えられたうえで、思想などについても評点の対象になるということだ。

中国では同様の評点付けは外国人に対しても行っている。今後は中国にとって必要な人材であるか否かでビザの発給にも影響が及ぶのではないかと思われる。逆にいらない外国人については、追い出す方向に進むのではないかと言われている。

さらにデジタル人民元の実験もすでに完了した。中国のスマホ決済はアリババのアリペイ、テンセントのウィーチャットペイという2つのシステムが主力となっている。

このうち、アリババの金融子会社のアントは習近平によって上場を阻止されて、結果的にその個人情報を中国共産党系の企業が管理することになった。中国では個人の金融情報等を民間が持つことを禁止したのだ。

これはアリペイはもちろんのこと、テンセントのウィーチャットペイについても完全に単なるサービス提供者でしかなくなってしまったことを意味する。

そこにデジタル人民元を連動させれば、アリペイ、ウィーチャットペイなどのウォレットの中に資金を移動することも可能となる。逆に言うと、中国当局が個人の金融資産まで完全に管理できる。

紙幣や硬貨の廃止、貨幣のデジタル化ということになれば、個人情報、個人の資産情報等は全部、中国共産党が握ることになり、その扱いについても、中国共産党の自由になってしまう。

密告制度の復活も共産主義への回帰の一貫と言えよう。密告制度では、中国共産党に不利な情報や反社会的行動をしている人の情報を当局に通報すると報奨金がもらえる。

同じく下放《かほう》（農村で働かされること）も始まった。ブラックリストに載ったような都市の人たちには就職先がないし、目下、バブル崩壊で雇用自体が失われてしまっている。

そこで中国共産党としては、就職先がない人などを農村部に移住させ、補助金を付けることによってその人たちを利用して農業の近代化を図ろうということだ。だが、それこそ下放そのものなのである。

ただしこの下放は、不穏因子である都市の高教育層を何もない田舎に移住させて、クーデターなどを阻止するための方策である、とも見ることができる。

民主主義における「民が主」と「民の主」との違い

民主という言葉の意味は、日本、アメリカ、ＥＵなどの西側諸国と中国、北朝鮮などとではそもそも違うのである。

西側諸国が「民が主である」という国民主権の民主なのに対して、中国、北朝鮮などは「民の主である」という民主集中制の民主なのだ。

日本においても日本共産党系の団体には民主商工会など民主の付くところがたくさんあって、そこでは民主集中制が行われている。

現在の台湾と中国との最も大きな違いも民主のとらえ方である。台湾では国民が主権者でありメインプレイヤーである民主なのに対し、中国では中国共産党の優秀な指導者が国民を導く、あるいは支配する、隷属させるということでの民主なのだ。

したがって、その民主の違いから法のあり方も違ってくる。西側諸国の法は法典によって国民の権利を守ると同時に支配者も縛っている。一方、中国、北朝鮮の法は国家の上に民主集中制の共産主義政党が乗っているので、法典も国民を縛るためだけのものであって、単なる統治の道具にすぎない。

このように考えると、日本人が中国での法律の運用から受ける違和感を理解できるはずだ。つまり、中国のさまざまな法律は恣意的に運用されるのが当然であり、それは日本人の考え方とは大きく異なる。

法の概念が違う以上、習近平にしても法律の恣意的な運用で悪いことをしているという感覚はないと思う。だから習近平も大躍進政策や文革で国民を苦しめた毛沢東を肯定していて、むしろその素晴らしい毛沢東を超える支配者になりたいのである。習近平からすると、大躍進政策や文革は当然のことなのだろう。

同時に習近平は、改革開放を進めた鄧小平は間違いだと言って今回の党大会の前に鄧小平の実績を消してしまった。逆に言うと、自分は鄧小平よりも上だということなのである。

第6章

大失速する中国経済

大幅に落ち込んでいる中国の不動産価格

中国のGDPの約3割を稼いできたのが不動産関連産業である。しかし政府の公称データが中国の不動産市場の実態を正しく反映しているとは全く言いがたい。なぜかと言うと、地方政府と中央政府の中で粉飾が行われているからだ。

中国政府が出している公称データは、地方政府が出したデータを取りまとめたものだ。その前に地方政府の各部局のレベルでまずデータの粉飾が起きている。

次に地方政府がデータをまとめる段階でも粉飾が起きる。さらに地方政府のデータを中央政府のそれぞれの部局がまとめるときにも粉飾がなされるので、それらを集積した数字も粉飾となる。

習近平は「きちんと正しいデータを出さなければいけない。ウソのデータを出した者は厳罰に処す」と言っている。だが、厳罰に処したら中国から役人はいなくなってしまうだろう。

ともあれ、不動産仲介サイトのデータを収集している香港系サイトなどから推測すると、中国の不動産市場では不動産取引額、住宅価格ともに1年前から30〜40％程度は落ちている。

不動産関連が悪化すれば経済に大きな影響を与える。中国の不動産価格等に関しては地域によって前年比で1桁台のマイナスあるいはプラスとなっている。そのため報道上は大きな影響がないように見える。

しかしこの結果は、当局が「経済悪化などを報じたり、発表したりしてはならない」とメディアや銀行、シンクタンクなどに通達を出しているためだと思われる。改めて「中国は統制経済、計画経済の国だ」と実感する。

当局の圧力によって中国の不動産ニュースサイトでは明るい話題のほうが多く並んでいる。ときには不動産デベロッパーのデフォルト記事が出ていても、だいたいはデフォルトに絡む汚職での逮捕記事も加えられている。

とはいえ表面的なことはいろいろと取り繕うことができても、やはり現実は変えられない。特にお金の動きこそが現実である。企業もお金が足りなくなれば否応なく破綻してしまう。

そのお金の動きを追うことによって実態に即した情報を出す調査機関やメディアもたまに出てくるのである。

不動産調査会社の中指研究院のデータによれば、不動産業界上位100社による2024年1月から2月までの住宅販売額は4762億4000万元（約9兆9645億円）と、前年同期比51・6％の落ち込みを記録した。

先行き不安の高まりによる住宅需要の縮小は、これまで市況が相対的に堅調だった一級都市と呼ばれる北京、上海、広州、深圳の4大都市でも顕著になりつつある。

同様に、不動産の差し押さえ物件の競売についても興味深い報道がある。それによると、差し押さえ物件の競売の2月の実績は成約率12・75％、取引割引率は75・37％だった。

競売物件は13％程度しか落札されず、販売価格に対する割引率は75％になっている。つまり、価格を4分の1にまで下げても買い手が13％程度しか生まれない。しかも、これは悪化していく傾向にある。

中国の不動産価格は地域によって差はあるものの、年収の30～50倍になっていると言われてきた。しかし不動産価格は年収の8倍程度が適正だとされていて、不動産利回りも1％程度なので、中国の不動産価格も30～50倍の4分の1から5分の1程度が適正だと考えられる。とすれば、それと前述の報道の数字とは一致するのである。

現実には不動産価格は大幅に落ち込んでいるはずだ。

苦しい民間デベロッパーと地方政府の実情

中国政府は「大手不動産会社100社のデータでは売上げの数字が伸びている」と述べている。ところが、実際には大手不動産会社100社の大半は売上げを半減させている。

これまで値下がりが比較的少ないとされてきた上海、北京などでも売上げは50％以下に落ちている。

ＧＤＰの３割が不動産関連産業の国で、価格が落ちても不動産が売れない状況となっているのに、中国政府は「ＧＤＰで５％成長を確実にする」と主張している。とすると、あまりにも粉飾のレベルが酷い。

実際には今や中国の大手不動産会社１００社のうち70社以上が支払不能の破綻状態に陥っている。

不動産最大手の碧桂園（カントリー・ガーデン）が２０２４年３月に20億円程度の利払いもできなくなったことが話題になった。このような状態は碧桂園だけではなくほとんどの民間デベロッパーにもあてはまる。

これまで中国の不動産業界は急拡大してきたのだが、それには中国特有のマンション販売における商慣行も拍車をかけてきた。

日本の場合、マンションが完成した時点で住宅ローンの支払いが始まる。一方、中国の場合は、完成した時点ではなく購入契約を結んだ時点で支払いが始まるのだ。

マンションを売る民間デベロッパーの立場で見てみよう。まず地方政府から土地の利用権を購入して、その土地に建てるマンションの設計図をつくって売り出す。その後、顧客から購入契約を取った時点で現金を手に入れることができる。

つまり、民間デベロッパーはマンションの設計図を書いて購入契約を取っただけですぐに現金を手にすることができる。それによって不動産業界はどんどん拡大していけるのだ。けれども、このやり方だと住宅供給が過剰になっていき、住宅需要が落ちてくると民間デベロッパーの資金繰りが苦しくなる。

実際、今の中国の不動産業界はそのような状況になっている。

例えば大手不動産会社の中国恒大集団は50兆円とも言われる負債総額を抱えてしまった。それで恒大集団に対しては6億円以上の不渡り訴訟が２０２３年６月時点で１５３８件も起こされており、不渡りの総額は９兆円以上にもなる。

しかも14兆５０００億円分以上の不動産物件が購入資金を受け取っていながら顧客に引き渡されていない。マンションが未完成なので、先にお金を払った顧客はマンションに住むことができないのだ。それでも、恒大集団はまだマシなほうだ、とされているくらいである。

民間デベロッパーだけでなく地方政府も同じような状況に陥っている。

地方政府はこれまで700兆円の地方債を発行し、融資平台と呼ばれるSIV（投資ビークル）をつくっている。

地方政府は1つには、この融資平台に入れた土地の利用権を担保に、銀行から年利6％程度で借り入れ、その資金をインフラ投資などに充てて得た利益で金利を払う、というやり方をしてきた。この借り入れた資金は巨額で総額は約1900兆円だ。ちょっと前の日本における個人金融資産の総額に等しい。

だが、有料道路や有料施設を別にして、そもそもインフラ投資では収益が生まれにくい。それでも金利は払い続けなければならないから、地方政府は土地の利用権を民間デベロッパーに販売することによって収入の半分を得てきた。裏を返すと、地方政府は土地の利用権が売れないと必要な収入が得られない。

では金利が払えなくなればどうするか。金利を払うために新しい融資平台をつくるのだ。そんなことを続けてきた結果、融資平台は全国に何と1万社もできてしまった。言い換えれば、地方政府が多重債務状態になっている。

地方政府の１９００兆円の債務がどれくらい残っているのかわからないが、多重債務状態であればたぶんほぼ全損に近くなっているのではないか。

融資平台への貸し手は、一部に国有銀行はあるもののほとんどが地方銀行なのである。中国では地方政府ごとに会計母体が独立している。

例えば広州恒大集団などのように頭に地方名が付いている民間デベロッパーも多い。つまり、それらは各地方政府とくっ付いてしまっているのだ。だから両者は根っ子でつながっている。

銀行が破綻してしまうと民間デベロッパーも破綻し、最終的にいちばん損をするのは預金者なのである。

また、１９００兆円の債務の担保は土地だ。中国の今の人口は11億人か14億人かわからないけれども、今や未住居の新築住宅が30億人分もあるから、債務の返済に担保の土地をもらっても仕方ない。

世界中から難民でも大量に引き受けないと、未住居の新築住居を埋めるのはとても無理である。

データがデタラメだからバブル崩壊に対処できない

中国企業が持っている資産総額や債務総額は誰も把握できていないのではないか。中国は世界3大監査法人が巨大な粉飾に手を貸す国だからだ。

3大監査法人はいずれも中国国内に中国法人をつくっている。しかし中国国内からデータなどの持ち出しを禁止されているため、海外で監査することができない。それで3大監査法人も中国法人の監査結果のみ発表している。

恒大集団の財務報告も2020年まで3大監査法人の1つのＰｗＣが行っていた。しかし恒大集団の財務が粉飾されていたことが判明したため、ＰｗＣも責任を免れないと言われる。

中国の不動産会社の破綻のパターンは全部、「会社に現金がなくて債権を払えない」と突然言い出して破綻に追い込まれるというものである。いくら粉飾して数字をごまかしても、現金がない、あるいはキャッシュフローがないというのはごまかしきれない。

銀行の不良債権問題についてはまだ表には出てきていない。中国政府は「銀行は健全だ」と主張している。中国であれば、バブル崩壊もコントロールできるだろう。中国政府は「一部地域では不動産の値上がりが始まった」と言っている。

しかし不動産取引で現金がショートすれば、その被害は当然、資金の貸し手である銀行へも拡大する。実際、地方銀行などでは取り付け騒ぎが起きているらしい。だが、今のところそれは当局による弾圧で抑え込んでいる。

具体的には、取り付け騒ぎに参加した人たちを、当局が国家安全法違反で逮捕してしまうのだ。このバブル崩壊の問題も、債権者を全員殺せば消えるのではないか。中国は本当にやりかねない。

すでに述べたように当局はメディア、銀行、シンクタンクに対してネガティブな情報やレポートを出してはいけないという通達を出している。だから、中国では不動産に関しては一部の例外を除くといい情報しか出てこない。

となると、たぶん習近平すら、中国の不動産業界の実情をわかっていないのではないか。そもそも中国政府に集まってくるデータそのものが、ウソの塊だからだ。

今のところ中国政府がバブル崩壊に対処できない理由も、データがデタラメだという点にあるのだと思う。

中国の不動産市場のどこがどう傷んでいるのかがわからなかったら十分な救済はできない。まるで穴の開いたバケツで水を汲むようなものだ。今の中国では暴走、暴発が怖いと言われる理由がそれである。

中国がいよいよバブル崩壊を隠せなくなったら、台湾などに軍事的アクションを起こすことによって、この問題を抹消しようとする動きが出てくるかもしれない。

人民元のレートの維持に必死になっている中国当局

人民元の下落も一部でついに始まった。これまで中国は輸出で稼いだドルの額に合わせて人民元を発行してきた。今はそれを無視して刷ってしまっているので、当然、下がるに決まっている。

最近、習近平がQE（量的緩和）に相当するようなことを言い出したらしい。それが人民元安を促進してしまっているようだ。

中国の人民元は2つのマーケットで値段が決まる。人民元は国際通貨の一部ではあるものの、取引量が少ないためにニューヨークのNDF（ノン・デリバラブル・フォワード）という市場で国際価格が決まる。

NDFはデリバティブの一種だ。彼らは人民元を持っていないから、人民元を売る権利と買う権利で売買している。例えば「10日後にこの金額で買いますよ」という権利と「10

日後にこの金額で売りますよ」という権利の売買で、国際レートが出てくるのである。

もう1つのマーケットは中国国内マーケットだ。そこで中国国内で人民元とドルの現物取引が行われている。中国政府は国内マーケットで基準レートを設けて、いわゆる管理変動相場を行っているのだ。

今、そこでドルの枯渇が起きているため、国有銀行などに対して現物のドル売りで価格を調整するように指導している。それはオフショアではできないから、国有銀行にオフショアマーケットに介入し、ドル売り・人民元買いを行ってレートを調整するよう、命じている。

国内マーケットにおいてもドルが足りないので、ドルを中央銀行である人民銀行と国有銀行が入れている。

ニューヨークのNDFのほうはドル建てで全部決まる。そのため、先物で高い価格でドルを売っていくと、ドルはどんどん消えていく。この差額取引によって差額損金も全損になっていく。

中国では、中国の輸出企業など外国で活動する企業の利益は、いったん全部国有銀行に入れなくてはいけない。中国国内では企業は基本的に人民元でしか下ろせない。だから通常、外貨準備というのは中央銀行および政府の持つ外貨のみなのだが、中国の場合、国有銀行の保有する民間企業の外貨も含まれている。

これまではその規模に合わせて人民元を発行していた。今はそれを無視して人民元を刷っているから、人民元のレートが下がるのは当たり前なのである。

しかし人民元のレートを維持しようと中国当局は必死なのである。維持しないと、外貨建ての借り入れが払えなくなってしまう。

ただし中国には、中国の外貨準備には見えない巨額の外貨準備がある。というのは、中国企業や中国人が外国に持つ資産も全部、外貨準備になってしまうからだ。ちなみに日本では外貨準備は政府の持つ資産だけしかない。

目下、中国政府は中国企業に対して外国資産の売り命令を出している。これは、中国企業に外国資産を売った資金で、国内の株式などの資産を買わせるためだ。

中国企業が海外に持つ不動産などの権益を売ると、それで得たドルはいったん人民銀行に入り、それが外貨準備になる。だから、表面的には外貨準備は減っていないように見える。

しかしこのまま行けば、中国企業は海外にある自社の資産を中国政府の命令に応じてどんどん売り続けていかざるを得なくなる。

中国によるバブルの輸出が世界に及ぼす弊害

言うまでもなく中国では不動産価格が上昇してバブルとなった。今やそのバブルが輸出されている状況になっている。

このバブルの輸出について説明しよう。中国国内で例えば1000万円で購入した賃貸住宅を年間120万円の家賃で貸すと、家賃利回りは年12％となる。それを4000万円で購入したら、家賃利回りは3％へと下がる。

この場合、購入資金の調達金利が5％だと、購入資金が1000万円なら利息は50万円だ。しかし購入資金400万円では利息は200万円になる。つまり、調達金利が家賃利回りを上回って損失を出してしまう。

中国国内では現在、家賃利回り1～1・5％あればいいほうなので、中国国内において調達金利5％でお金を借りて不動産を購入すると、調達金利よりも家賃利回りが低いために損をしてしまうのだ。

そういう状況になったため、中国の人々は利回りの高い外国資産に投資を始めたのだった。これがバブルの輸出という現象にほかならない。中国人がアメリカのニューヨークのマンハッタンやカリフォルニアの土地・高級物件などを買い漁ったのである。

ところが、ここに来て中国人はそうした海外資産を半額くらいで売り始めた。これが現在の、世界的な「商業不動産バブル崩壊」の原因になっている。

中国企業も海外で商業ビルをたくさん買ってきた。前述したように中国企業も海外資産を売って外貨準備に回し始めた。安くても現金化したいのだ。

残念ながら、ただでさえコロナのせいで空きテナント率が上がってしまっているから、安くしないと売れない。

それでも即金で現金がほしいから、安売りして短期の換金をしている。そのためオフィスユースの不動産物件も中国企業は50％オフくらいで売っている。これが商業用不動産の世界的な不動産バブル崩壊の大きな要因の1つだ。

また、中国企業も海外資産を売って換金しないと、結局、人民元建ての債務を返済できないし、給料すら払えない。

日本については今、東京の不動産がプチバブル状態で、年収の13・6倍ぐらいまで上がっている。ただし日本の場合、国内の株価が好調だから資産の正循環が起きている。この点からすると、中国人がタワマンの住居を買っているという事実はあっても、まだそのバブルが崩壊するような状況にはない。

もっとも、首都圏の商業用不動産、特にオフィスは目下、空き室率が上がっていて家賃全体の下落傾向にあるので、東京の不動産のリートは全般的には厳しい。

それは世界共通でもある。

ここでアメリカに話を戻すと、地域差も大きいけれども、商業用不動産の下落幅が非常に大きくなっている地域もある。

例えばITバブルの恩恵を受けてきたサンフランシスコでは、空室率が40％以上に達しており、ニューヨークでも20％近い空室率となっている。

最大の問題は今のところ、空室率が改善する見込みがないことである。特にカリフォルニアでは治安の悪化と税や社会保障負担が大きいため、富裕層の他の州への移住が急増して、街中のスラム化が進むという現象が起きている。ニューヨークも同様だが、民主党の意識高い系リベラル政策に対する反発が強いことも、移住の動機になっていると思われる。

2023年の地方銀行危機では、破綻した銀行はカリフォルニアやニューヨークに集中していた。これも商業用不動産価格の下落と富裕層の離脱という問題が生み出したものだ。

しかしこの地方銀行危機ではその責任が曖昧となり、中途半端な救済によって銀行は営業を継続している。この点がモラルハザードも引き起こしている。シリコンバレー銀行の業容拡大などはその典型だ。

いずれにせよ大手銀行についてはストレステストを問題なくクリアする見込みだ。地方銀行のほうは商業用不動産価格の下落とともに、危機的な銀行が増加しているため、対処が必要になる。

とはいえ今のアメリカの不動産マーケットでは、すでに不動産のリートの厳しさを織り込んでいるのも事実だ。だからリーマン・ショックのときとは違って、政府や中央銀行のハンドリング能力も上がっている。混乱はあっても金融危機に直結することはないだろう。

10のことをやらないという「十不青年」の出現

昨今、「中国は人口14億人の巨大なマーケット」という言葉の嘘に、世界もようやく気付き始めている。

先般、上海の公安当局が持つとされる27テラバイトの個人データが流出するという事件があった。そしてそれは11億人分ほどの個人データだった。

スマホ決済が普及している中国では個人データのない人はいないだろう。農民工ですら都市部ではスマホがないと買い物ができない。つまり、この個人データの流出によって14億人というのが中国の人口の公称だが、実際の人口は11億人しかいないのではないかという疑問が出ているのである。

また、1979年から一人っ子政策が始まった。これが定着して今や中国では1人の子供が2人の親と4人の祖父・祖母の6人を背負う形になっている。

従来、中国当局は「2028年に人口減少社会になる」と想定し、人口動態をそのシミュレーションモデルで計算していた。しかし現実には2020年からすでに人口減少社会に入っていることがわかったのである。

中国の少子高齢化は日本に比べてはるかに速いスピードで進んでいる。中国では2016年から2022年までの6年間に出生数が47％も減ってしまった。日本の出生数も1976年から2021年までにやはり47％ほどの減少となったが、それには45年間かかった。

だから中国の出生数の減少スピードがいかに速いかがわかる。

中国では少子高齢化が急速に進んでいるのに年金や社会保障は皆無に近い。もともと共産主義なので貯蓄型の年金という概念が欠落していて、年金などがあるのは軍人などに限られる。一般人は自分で年金をかけなければいけない。

そうした状況において高齢者などはこれまで不動産等の投資利益によって生き延びてきた、あるいはいい生活を送ってきた。しかし不動産市場が落ち込んできたため、彼らの資産もここに来て一気に失われる可能性が高い。

中国の人口がもし14億人だとしても、ＯＥＣＤレベル以上の生活ができているのは1億5０００万人程度だ。都市に住んでいるのはその1億5０００万人も含めて3億人である。1億5０００万人のＯＥＣＤレベル以上の人たちのほとんどは、いわゆる不動産成金だった。不動産不況で今、そういう人たちが消えつつある。

都市以外の地方はどうかと言うと、李克強が首相だったときに「地方の農民の月収は1万5０００円ぐらいだ」と認めている。

中国では2021年頃から都市の若者たちの間で「寝そべり族」が流行ってきた。これは、競争社会を避けて、自分が楽しめる時間を過ごすのに必要なだけ稼げればいい、ということ。つまり、最低限しか働かないという生き方のことだ。だから彼らは住宅購入、結婚、出産も諦めている。

さらに最近流行ってきたのが「十不青年」である。もともと「恋愛しない」「結婚しない」「家を持たない」「子供はいらない」という「四不青年」があって、これに「献血しない」「寄付しない」「株を買わない」「宝くじを買わない」「老人を助けない」「感動しない」が加わって「十不青年」になった。

〝十不青年〟は2000年以降に生まれた10代後半から20代前半の若者が中心だ。この10の否定は、自己防衛の側面もあって、多くの若者の共感を呼んでいる。

その背景には、中国経済の悪化があって、就職難の中で無職または低所得となる若者が増えているという現状がある。寝そべり族、四不青年を経て一段と若者の絶望感が深まっているとも言える。

若者の間でこのような言葉が流行っているのだから、これから旺盛な消費が期待できるかと言うと、期待できるはずがない。それがますます中国経済を落ち込ませていくに違いない。

第7章

日本企業は
さっさと中国から
撤退せよ！

産業体系の現代化を目指す「新たな質の生産力」

２０２４年3月5〜11日に開催された全人代の政府活動報告で、産業体系の現代化の構築を大いに推し進めて「新たな質の生産力」の発展を加速させることが打ち出された。

次に3月24日の中国発展ハイレベルフォーラム年次総会の開幕式において、李強首相は「現代的産業システムの構築を加速し、科学技術革新による産業革新の推進を堅持し、在来産業の高度化、新興産業の強大化、未来産業の育成を統合的に推進し、新たな質の生産力の発展を加速していく」という基調演説を行った。

さらに3月26日の投資フォーラムの第1回インベスト・チャイナ・サミットでも、中国の韓正副主席が「新たな質の生産力の発展を加速し世界経済の安定と安全を強化する」と述べた。いずれも開催地は北京である。

「新たな質の生産力」という言葉は、２０２３年9月に習近平が黒竜江省を視察したとき、初めて用いたものだ。

これは、従来型の経済成長方式と生産力発展アプローチから脱却し、イノベーションが主導的役割を担うハイテク、高効率、高い質という特徴を持つ新たな発展理念に合致した先進的な生産力のことだ。

要するに、新たな質の生産力は従来の生産力とは異なり、イノベーションによる高品質の先進的な生産力を指している。

例えばＡＩ（人工知能）や自動運転技術は生産や生活の方式を変える可能性があるため従来とは全く異なる新たな質の生産力となりうる。その結果、これまでとは異なる発展や変遷をもたらすことが期待できる。

しかし、こうした説明はやはり抽象的であって、実際には具体的な中身がよくわからないし、従来型の製造業から切り替えると言っても、その具体的な戦略もまだ見えてこない。とすれば、暗礁に乗り上げている「中国製造２０２５」に代わる新たなキャッチコピーという域を出ていないとも言える。

さて、中国発展ハイレベルフォーラムは外国企業のトップなど500人を招いて海外の経済人と討論と交流を行うものだ。2000年から毎年開催されている国際会合であり、中国の首相と外国企業のCEO（最高経営責任者）などが直接話し合う場でもある。しかし今回、それが見送られて、李強首相は基調演説だけを行ったのだった。

代わって、3月27日に北京の人民大会堂でアメリカ企業のCEOと会談したのが習近平だった。相手はアメリカ側は半導体大手クアルコムのCEOや投資ファンド大手ブラックストーンのCEO、米中ビジネス評議会の会長たちである。

習近平は、中国経済のテコ入れに向け、アメリカ企業による対中投資の拡大や中国の広域経済圏構想である「一帯一路」への参加を呼びかけた。

現在の中国では習近平の個人独裁体制が強化されて、彼と直接会合を行わなければ何も決まらなくなった。ところが、彼と約束してもそれが守られたためしがない。

例を挙げると、彼はオバマとの会談で南シナ海の人工島を軍事利用することはないと明言し、それは世界にも発表された。しかし実際には人工島に巨大な軍事要塞がつくられて、

中国による南沙諸島の占拠状況（埋立前）

- 中国は南沙諸島において合計7つの地形を事実上支配し、構造物建築
- 領海法制定（92年）や三沙市・三沙警備区設置（12年）、三沙市の下への西沙区・南沙区設置（20年）等、領有を前提とした国内法の整備等も併せて推進

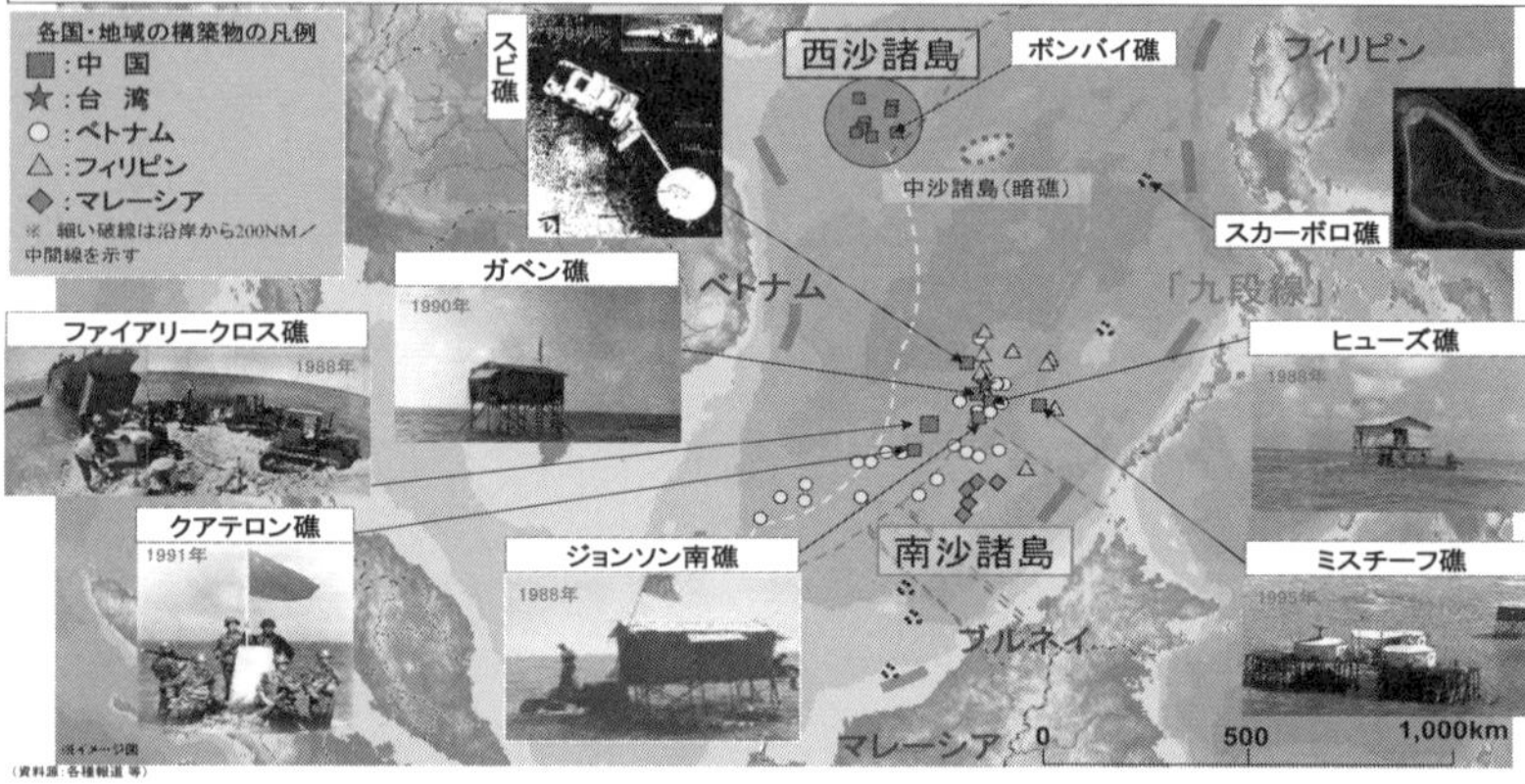

2

中国による南沙諸島の占拠状況（埋立後）

（出典：米国防省議会報告書（2016）、各種報道等）

- 中国は2014年以降、南沙諸島7地形において急速かつ大規模な埋立てを実施。主要な埋立てが完了した2015年後半までの埋立て面積は約12.9㎢（他の係争国は同期間に約0.2㎢埋立て ）（2015年6月、中国政府は南シナ海の関連する島礁の埋立て工事は全て終了と宣言）
- 埋立て完了後も引き続き、軍事目的に利用し得る各種インフラ整備を行い、アセットを展開させるなど軍事拠点化を推進
- 2018年11月、西沙諸島・ボンバイ礁に情報収集装置と見られる施設を大規模な埋立てなしに設置したとの指摘

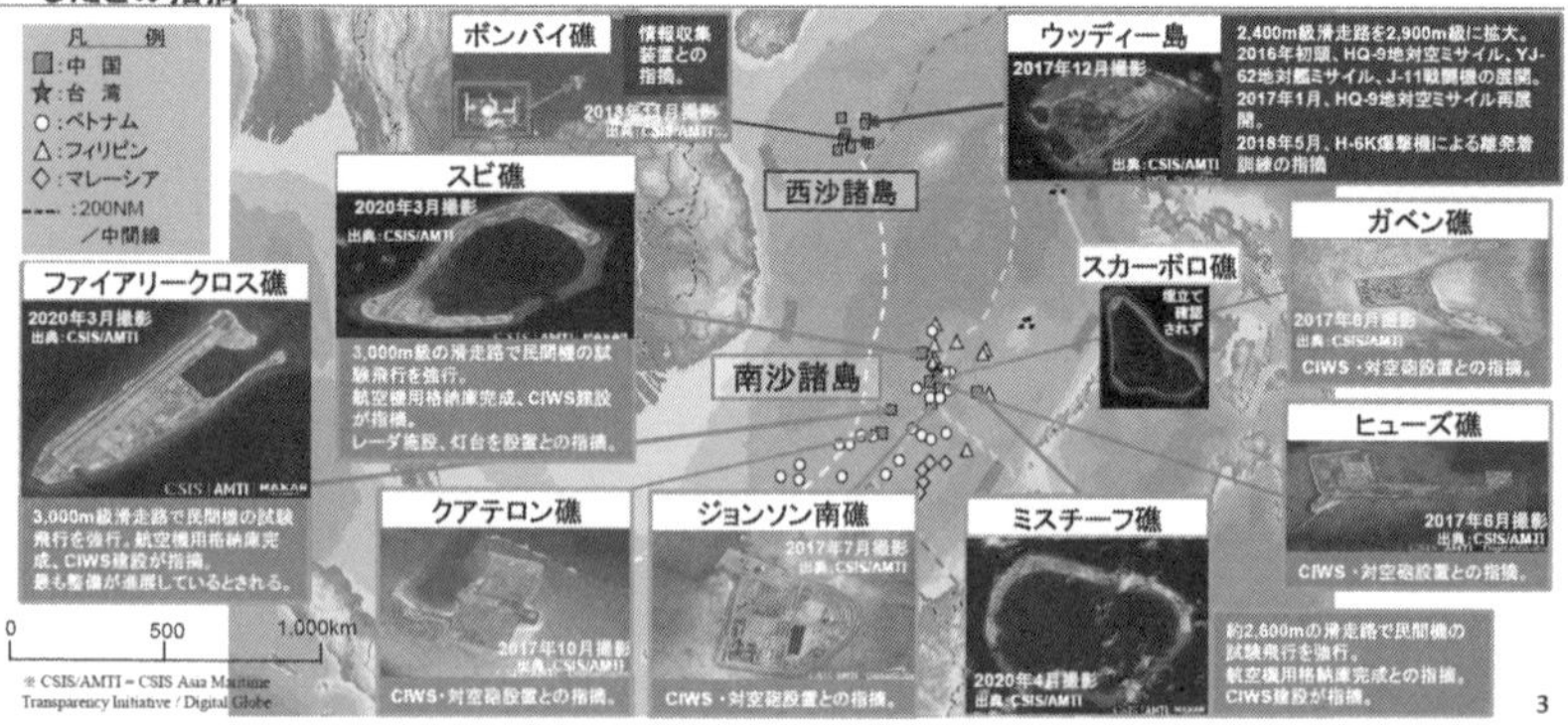

3

出典:防衛省

嘘だったことが明らかになった。今の状況では習近平との約束には何の意味もない。

習近平は、全人代で国務院の実権を奪い、権力を自分に集中させたため、首相を中心とした国務院の権力は失墜してしまった。国務院側が何を言ったところで、習近平の一存でいつでもひっくり返ってしまう。

外資が逃げ出してどんどん減っている中国への投資

中国では2014年に反スパイ法を施行し、以来、国家安全を名目に外国人の取り締まりを一貫して強化してきた。その結果、2015年以降にスパイ活動に関わったなどとして拘束された日本人は、地質調査会社や大手商社の社員、大学の研究者など少なくとも17人に上っている。

だが、「スパイ活動に関わったという罪状」と言うが、その具体的な内容は全くわからない。何がスパイ活動になるのかが不明なのである。民主国家の罪刑法定主義に反しているので、対処のしようがない。

2023年3月にアステラス製薬の現地法人の50代の男性社員が反スパイ法違反だとして拘束された。この社員は仕事で中国政府や中国の医療関係者と交流があったと言われているのだが、仕事で現地の人たちと会ったり電話で話したりして拘束されたとすれば、非常に理不尽なことだ。もちろん中国側は具体的な拘束理由は明らかにしていない。

さらに2023年7月から改正反スパイ法が施行された。法律の目的も改正前は「国家の安全を守る」だけだったのに、改正後は「人民の利益を守る」も追加された。「人民の利益」は「国家の安全」よりも断然広い概念なので、改正反スパイ法では適用範囲が非常に拡大されたことになる。つまり、スパイの疑いをかけられた者は、より一層拘束されやすくなったのだ。

中国内陸部の重慶市では2023年9月には改正反スパイ法施行後、中国で初めてスパイ摘発を強化する条例を施行した。地元当局は末端行政機関や学校で市民に対する教育を進めて草の根からの摘発を進める方針だ。

一方、中国政府は、外資のつなぎ止めと新規の外国の投資を呼び込むため、市場アクセスの拡大、海外投資家のための規制緩和、中国の統計データの公表迅速化、外国企業が中国国内で得たデータの国外移転規制の緩和などの優遇策を打ち出している。

このうち中国の統計データの公表迅速化にふれると、そのデータ自体に信頼性がないので、公表が早くなってもデータを信じる人はほとんどいないのである。

だから中国の株価は中国のファンダメンタルズ（統計数字等）では動かない。株価を左右するのは、統計データではなくむしろ中国がどのような政策をとるかということだ。

いずれにせよ、中国政府がいくら外資を呼び込もうとしていろいろな方策を示したとしても、ただでさえ中国経済が落ち込んでいるうえに、当局の恣意によってスパイを捕まえられる改正反スパイ法がある以上、外資としては、中国への投資を尻込みしないほうがおかしい。

また、改正反スパイ法と同様に国家安全法、反外国制裁法、国家情報法なども恣意的に運用できるので、それらの法律の脅威にも外資はさらされ続けることになる。中国側は「法律を守れば問題ない」と言うが、その法律が曖昧だから守りようがないのだ。

しかも、何度も述べているように中国は習近平の個人独裁の国家に変貌している。彼の一存で約束も契約もすべて無に帰してしまうことがある。実際、彼の意向でIT企業に対する規制や有償の民間教育の禁止などが行われ、そうした業界が大打撃を受けている。とすれば、外資も中国国内で正常な企業活動を行うのは無理である。

また、中国にも法律はあるが、中国における法律の概念は民主主義国家とは異なる。中国の法律は支配者を縛るものではなく、配下の者を従わせるためにあるので単なる支配の道具に過ぎないのだ。

だから、外資が中国側と法律に基づいて契約したところで、その法律を管轄する中国に恣意的な法運用をされてしまう。つまり、法律に基づいた契約など何の意味もないのだ。

そんな状況で中国の発展を信じて追加投資する経営者がいるなら、よほどの愚か者とし
か言えない。すでに投資してしまった分は仕方がないとしても、新規投資などありえないのである。

実際、中国当局が発表した国際収支統計でも、2023年の外国企業からの直接投資は前年比で82%減少し330億ドル（約5兆1000億円）となった。外国企業からの直接投資が減少するのは2年連続で、1993年以来30年ぶりの低い水準である。

中国政府は優遇策のほかにも経済関連のフォーラムを開催して、必死に外資を呼び込もうとしている。しかし世界の投資家の目は厳しい。従来とは違って、そういうことで外資が集まることはない。

中国から撤退する台湾企業と日本企業

一方、台湾経済部によると、2023年の台湾から中国への直接投資は、前年比40%減の約30億ドル（約4600億円）だった。これは2002年以降で最も少なく、ピークだった2010年の約146億ドル（約2兆2500億円）と比べて、およそ5分の1になった。

2010年は国民党の馬英九政権が中国との間で自由貿易協定に当たる「経済協力枠組み協定」を結んだ年だ。台湾の対外直接投資全体に占める中国向けの割合もこの年は84％に達していた。それが2023年には11％にまで落ち込んだのである。

確かに台湾には中国へ依存しすぎている企業もあるけれども、これは日本も同じである。しかし台湾の蔡英文政権では中国から撤退する企業に対してワンストップの中国SOS電話をつくっていた。中国から撤退して台湾国内に回帰する企業に補助金を付けたりして撤退の支援を行っていたのだ。

台湾の台中には豊原工業団地というところがある。最新のITテクノロジーを導入した工業団地だ。

ここは2015年には進出する企業が少なくてガラガラで人がほとんどいなかったが、コロナ後の今はもう満杯である。台湾に工業団地が足りないので、台湾企業は日本やアメリカなどいろいろな国に進出している。

台湾でも元総統の馬英九など一部の人たちの中には、いまだに中国に肩入れしている人がいないわけではないが、やはり国民や企業レベルでは香港などの問題もあってもう中国とは距離を置いていこうという方向になっている。温度差はあるにしろ、今や中国の一部になりたいと思っている台湾人などほぼいないと思う。やはり台湾人は敏い。

台湾企業も多くが経済的な部分で中国に進出しているから、かつては台湾も中国に対してなかなか厳しいことが言えなかった。しかし時代は変わったのだ。

日本企業も同様である。中国に進出する日系企業でつくる団体が2024年1月に発表した調査では、会員企業の5割近くが中国への投資を縮小する方針を示している。

例えばオムロンは2024年2月、国内外で2000人もの大規模なリストラを行うと発表した。中国経済の減速を受けてFA（ファクトリーオートメーション）機器事業が不振に陥ったからだ。ロボットやセンサーなど制御機器事業の売上げの2割以上が中国向けで、中国依存度が高まり過ぎていたのである。

今は中国では新しいラインがつくられていない。今後、中国への依存度を落としていって欧米での顧客開拓に力を入れる。将来的には中国からの撤退も見据えているだろう。

キヤノンは2022年以降、中国のデジカメ工場と複合機工場を閉鎖して、中国から撤退した。キヤノンの御手洗冨士夫会長兼社長は2022年10月の記者会見で、中国の生産拠点では地政学的なリスクが高まっているとし、「メインの工場を日本に持って帰る」と国内回帰を進める考えを明確にした。

御手洗社長は、撤退するまでは中国を持ち上げていたが、キヤノンの撤退が終わったら「もう中国はダメだ」と言い出した。そうした企業は三菱自動車、ホンダ、ダイキンなど、どんどん増えてきている。

重ねて言うが、中国経済の落ち込みや改正反スパイ法の施行のほか、習近平が独裁体制を強めている中国は、企業秘密と情報等の流出を阻止する方向に動いているばかりか、日本企業に特許情報の公開まで求めている。

特に特許情報の公開となると、日本企業は安心して先端技術による製品を中国ではつくることができない。日本企業として、もうまともに活動できないというのが本心だろう。

中国共産党の合意がないと企業の清算もできない

ただし中国からなかなか抜け切れない日本企業があるのも事実だ。

1つには中国の場合、資本移動の自由が禁じられているため、利益を持ち出せないから。もう1つの理由は中国に日本人社員がいるからである。撤退を表明した場合、中国にいる日本人社員がどのような扱いを受けるかがわからない。だから、そのような状況の中で日本企業としても、表向きには見えない形での撤退を進めている。

日本政府の方針も日本企業の中国撤退に拍車をかけている。日本政府は、新型コロナウイルスの感染拡大で製造業のサプライチェーン（供給網）が寸断したことを深刻に受け止めた。そこで、2023年4月、生産拠点が集中する中国などから日本への国内回帰や第三国への移転を支援するため、総額2435億円の補助金を補正予算案に盛り込んだ。

さらに、国内回帰のために用意した補助金に日本企業から予想を上回る応募が集まったため、同年10月には予備費から860億円の予算の積み増しを決定し、補助金の規模を1次補正との合計で約3000億円へと拡大した。

この補助金は中国からの撤退自体を目的としたものではないけれども、日本企業にとっては中国撤退の強い追い風になったのは間違いない。

そして今や世界の大手ファンドなどもついに中国撤退を打ち出している。

不動産バブル崩壊とともに外資の撤退という二重苦に陥っているのが現在の中国である。対して中国は掌を返したように、世界の大手企業に向けて投資のアピールをしているものの、それを誰も信じていないというのが現状だ。

中国当局は反スパイ法、国家安全法、反外国制裁法、国家情報法などさまざまな法律で情報漏れや国家機密の漏洩を防いでいるわけだが、繰り返すようにこの最大の問題はそれらの法律が恣意的に運用できることである。

法律の条文に罪と刑罰が明確に定義されていないので、中国では推定無罪も成立しない。

そのため、例えば外国企業が地方の役人などと衝突した場合、その言いなりにならざるを得ない。

また、中国では民事であっても係争を抱えていると、その外国人は国外に出ることができない。撤退に伴って従業員などに未払い賃金等で訴えられ、結果的に外国人経営者が中国国内で軟禁状態にされるというのもよくあるパターンだ。

これは以前から問題になっていたが、習近平体制ではより恣意的に運用される可能性が高い。

中国では国有企業のみならず中国の民間企業、外国企業にも中国共産党支部をつくることも法律で義務付けられている。また、取締役に中国共産党員を入れることを求めている。その上で、中国での企業の清算や撤退など重要な事項の決定には、取締役会全員の合意が必要とされている。そして企業の清算や撤退には、中国共産党の合意が必要な構造になっている。

このため日本企業も含めて外国企業は中国から撤退するときには、株式をタダ同然で中国共産党系企業や香港企業などに売ったりする形をとらざるを得ない。

もはや中国を選択すべき理由のない日本企業

中国に進出している日本企業は民間企業である。中国での事業の失敗すべてを日本政府のせいにする経営者もいるが、日本政府は企業経営に直接関与することはできない。そこから先は各企業の経営者の決定ということになる。

もともと中国に政治的リスクと体制的リスクがある、ということを知らない経営者はいないと思う。それで中国へと出て行った以上、自己責任の部分はかなりある。

一方、日本政府としても、外郭団体であるジェトロ等を通じて中国への進出などを進めていた側面はある。この部分においては日本政府も責任がないとは言えない。

例えば日本企業が台湾企業と大きく違うのは、日本企業は基本的に社長がサラリーマンだということだ。一部上場企業の社長の約60％は労組上がりでもある。そのため硬直化した役人主義であり減点主義を採用しているのが、今の日本企業ということになる。

台湾企業の場合、ほぼすべての大企業はＴＳＭＣ（台湾積体電路製造）も含めて財閥だ。オーナーが権限も資本も握っているので、オーナーの意思１つで物事が動くし、決定自体が非常に早い。

日本企業は社長がサラリーマンなので問題を先送りしようとする。自分が社長をやっている間、企業が無事であればいいという感覚だ。これも日本企業の中国撤退を遅らせる大きな要因の１つである。

日本企業でもスズキはオーナー経営者なので、中国から撤退してインドに完全にシフトするという選択ができた。ただしキヤノンの御手洗社長はサラリーマン経営者ではあるけれども、御手洗社長にはカリスマがあるので、中国撤退がスムーズに進んだのだろう。

日本は第２次世界大戦の後、松下電器の松下幸之助氏やホンダの本田宗一郎氏など戦後を支えたオーナーが多く存在し、彼らが舵取り役をやることで、非常に速いスピードで成長することができた。

だから、その戦後の第一世代が亡くなるとともに日本企業の没落が始まった、という側面も指摘できる。

とはいえ、日本企業にしてもよくも悪くも体質が改善された部分はある。つまり、決定されるまでの速度が世界で最も遅いと言われる日本企業であっても、いったん決定されると組織として対応するので、企業としてはシステマチックに物事を動かしていくことができる。

それがいい方向に出るといいのだが、悪い方向に動くと惰性で動いてしまうということになる。中国に進出している今の日本企業の多くは惰性で動く。社長が責任を取りたくないことと惰性で動くという2つの要素がそうさせているのではないかなと私は見ている。

しかし今日の状況では日本企業も自己責任と言うか、自分たちでしっかりと考えて動くしかない。

ところで、中国に進出している企業にも先端の製品をつくっている先端企業もあれば、そうでないところもある。では、先端企業でない企業ならまだ中国に残ってもいいのか。あるいは、これから中国に進出してもかまわないのか。

結論から言うと、日本企業も含めて外国企業は先端かどうかにかかわらず、やはりもう中国から撤退すべきである。もちろんこれから中国に進出するというのもとんでもない。なぜならまず企業の経営者は社員に対して責任を取らなければならないからだ。中国当局にアステラスの社員が拘束されてしまったが、まだ解放されていない。となると、アステラスの社長は家族に対する責任を果たしていないことになる。

さらに、1〜2人の拘束ではなく、何十人、何百人も社員が拘束されたらどうすればいいのか。社員の家族から社長は徹底的に問い詰められて、怨恨を持たれてしまうだろう。何かの事故で亡くなったり負傷したりしたのならともかく、中国に入れば濡れ衣を着せられて拘束されるかもしれないというのは予測が可能なのである。そのようにリスクの高いところに社長としては社員を行かせるべきではない。

それにもし中国が台湾有事など戦争を起こしたらどうなるのか。社員の安全に対する善管注意義務は企業の役員会にある。本来、社員を守ることが経営者の重要な仕事の1つなのだ。

例えば、終戦直後にソ連が日本兵をシベリアに抑留したように、中国の場合も日本人社員を何千人も人質に取ってしまうことがあり得る。

社員が日本に帰って来られなくなった場合、社長は従業員の家族に対して責任を取れるのかと言うと、取れるはずがない。それなら、中国から撤退しなくてはいけないのである。

人件費も中国はベトナムの3倍になっているので、人件費の面で中国には全くアドバンテージがない。電気代については中国は確かに安いものの、電気代だけなら東南アジア諸国も同様に安い。だから、電気代の面でも日本企業には中国を選択する理由はない。

おわりに

2020年2月、中国の武漢を発祥とした新型コロナウイルスは、世界の環境を大きく変えた。グローバリズムにはヒトとカネの移動の自由化が必要だが、このヒトもカネも、完全に分断されたわけだ。

その時間は1年以上に及んだ。そして、コロナ禍からあけた世界は、景色を大きく一変させていた。グローバリズムが完全に終了していたわけだ。

コロナ禍があけはじめるとともに、ロシアはウクライナに対して侵攻を始めた。これにより、ロシアと西側各国との対立戦争が始まってしまった。そして、中国は完全隔離政策を継続し続け、北京、上海などで強引なロックダウンを行う。この間、ヒトの分断も行われ続けた。

上海にいた西側各国の企業もこの惨禍に巻き込まれた。そして、中国の異常さに世界が気づき始めた。マスク問題がその典型であるが、中国にサプライチェーンを依存することの危険性に、世界が気付いたのである。

その結果、止まっていたグローバル・サプライチェーンは新たな形で形成され始める。「脱中国」が進み、ベトナムなどアセアン諸国への、モノづくりの多極化が進んでいった。中国抜きのサプライチェーンの構築が始まったわけだ。

日本のメーカーも、中国とそれ以外の国々に、サプライチェーンを分離する作業を始めている。これらにより、世界の景色は大きく変化した。

さらにアメリカは、中国へ半導体製造を依存することの危険性を認識し、日本、韓国、オランダとの4ヵ国でCHIPS4を形成し、半導体製造連合を作ろうとしている。

台湾のTSMCは日本での半導体製造を始めるが、アメリカにおいても同様で、アメリカ政府はTSMCに膨大な補助金をつけ、今後、同国内での半導体の生産が本格化する。また、これまでファウンドリー事業から撤退するかと見られていたインテルなどにも補助金をつけ、製造を促している。結果的に、アメリカ国内および西側各国で使用される半導体は、西側エリア内で生産されることになる。

半導体を巡るこのような動きは、今後多くの分野に波及していくと思われる。アメリカは国防生産法などを通じ、生活基礎インフラに関するさまざまな物資を、アメリカ国内および西側各国で調達できるよう、仕組みを変更しようとしているのだ。

このことは、再び日本が輝きを取り戻すことに、必ずつながる。

1980年代、日本は最も輝いていた。バブル景気に踊っていた。バブルがすべて良いとは言わないが、消費が拡大し、日本経済が大きく拡大したことも間違いない。しかし、その後、日銀が大幅な金融引き締めという間違った政策を取ったため、バブルは崩壊し、日本の衰退が始まった。

さらに冷戦の終焉で、経済のグローバリズムが始まった。日本からさまざまなものを奪っていった。これが失われた34年間の実態である。

しかし、このコロナ禍以降の世界においては、「西側・東側」という、かつての冷戦体制が復活することが明確になった。ただ、かつての冷戦体制と異なり、アメリカはさまざまな問題を抱え、日本なしでは世界の統治ができない、覇権を握り続けることができない状況に陥っている。日本の存在価値の見直しがアメリカおよび世界各国で始まっているのだ。

このような状況があって、日経平均株価は4万円を超えた。つまりバブル崩壊前の水準をようやく超えることができたのである。そして今後もしばらく、日本の存在感が増し続ける可能性が高い。

ただここで、日本人が気を付けるべき問題があることを忘れてはならない。失われた34年、日本の不況を煽り続けてきたものは何であったか。私が考える一番の要因は、メディアである。

バブル崩壊以降、消費を抑制するような報道を継続して行い、「どうやって安くモノを作るか、どうやってモノを安く売るか」だけを盛んに煽ってきた日本のメディア。それによって、多くの日本人にはデフレマインドが染みついてしまった。

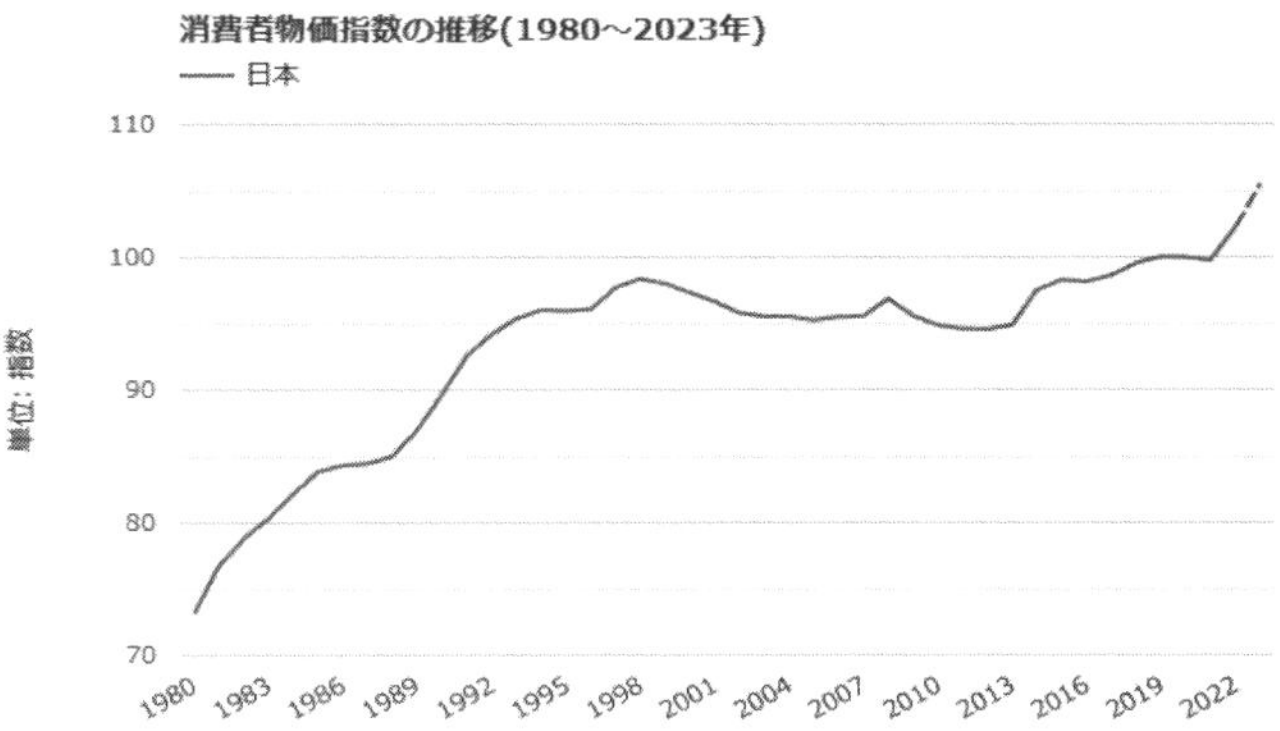

アベノミクスの効果が出始めた日本

①グローバリズム（ヒト　モノ　カネの移動の自由化）の終焉
②デカップリングによる国内製造業回帰
③エネルギー問題解消（原発再開）
④円安による為替効果
⑤デフレマインドの解消
⑥レガシーメディアの衰退

これが日本経済に惨禍をもたらした。そもそもビジネスの基本は、「できるだけ高く売り、できるだけ利益を得る」である。その基本すら失われていた、怖ろしい状態だったのだ。

さらに一時期、「清貧の思想」がブームになったこともあった。「貧しく慎ましく過ごすのが美徳」であるかのようにメディアはもてはやしたが、これは経済的な側面で見た場合、完全に間違っている。そもそも、「消費こそが美徳」でなくてはならない。アメリカが発展している理由もそこにあるのだから。

これら、間違った報道をメディアは繰り返していた。そして今後も、「日本の足を引っ張る」キャンペーンを張るかもしれない。その際、日本人はけっして、メディアに騙されてはいけないのである。日本経済の行方を、ネガティブにとらえてはならない。

何よりも今、日本人のデフレマインドの払拭が起き始めているのだ。世界的な資源インフレの下で、さまざまな産業が便乗とも言える値上げを行い、それによって、きちんと利益を確保する環境を生み出し始めた。さらに、賃金も上昇を始めている。

このような大きな変化が起きる背景には、冷戦体制の復活がある。そして日本がアメリカ、ＥＵ諸国など西側先進国の経済大国ナンバー2として、存在感を取り戻しつつあることが挙げられる。

日本人は、このような現状を正しく認識し、肯定的にとらえ、明るい未来に向けて積極的に動く必要がある。本書はそのための手引きとも言えるものだ。経済、外交、安全保障など、様々なポイントから、これからの日本のビジョンをまとめた。そこに刺激を受けた読者の皆さんの、前向きなモノの考え方、行動に期待したい。

[著者プロフィール]
渡邉哲也（わたなべ・てつや）
作家・経済評論家。1969年生まれ。日本大学法学部経営法学科卒業。貿易会社に勤務した後、独立。複数の企業運営などに携わる。大手掲示板での欧米経済、韓国経済などの評論が話題となり、2009年、『本当にヤバイ！　欧州経済』（彩図社）を出版、欧州危機を警告し大反響を呼んだ。内外の経済・政治情勢のリサーチや分析に定評があり、さまざまな政策立案の支援から、雑誌の企画・監修まで幅広く活動を行っている。著書に『2030年「シン・世界」大全』『史上最強となる日本経済』（以上、徳間書店）、『「お金」と「経済」の法則は歴史から学べ！』（PHP研究所）、『今だからこそ、知りたい「仮想通貨」の真実』（ワック）、『習近平の本当の敵は中国人民だった！』（ビジネス社）など多数。

“JAUKUS”《ジョーカス》の強化で経済も軍事も、
日本の未来は絶対明るい！

2024年6月12日　　第1刷発行

著　者　渡邉　哲也
発行者　唐津　隆
発行所　株式会社ビジネス社
〒162-0805　東京都新宿区矢来町114番地
神楽坂高橋ビル5階
電話 03(5227)1602　FAX 03(5227)1603
https://www.business-sha.co.jp

カバー印刷・本文印刷・製本/半七写真印刷工業株式会社
〈装幀〉齋藤稔（株式会社ジーラム）
〈本文デザイン・DTP〉株式会社三協美術
〈営業担当〉山口健志　〈編集担当〉中澤直樹

ISBN978-4-8284-2633-4